LES BEAUX ROMANS ILLUSTRÉS

GUSTAVE AIMARD ET J.-B. D'AURIAC

L'AMI DES BLANCS

Prix : **75** Centimes

ÉTRANGER ET PAR POSTE : **1** Franc

PARIS

A. DEGORCE-CADOT, Éditeur, 9, rue de Verneuil, 9

S034846

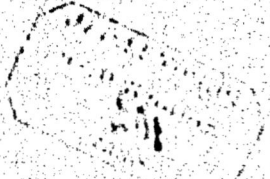

L'AMI DES BLANCS

PAR

GUSTAVE AIMARD ET J.-B. D'AURIAC

CHAPITRE PREMIER

HANS VANDERBUM

— Finissez donc ce bruit ! finissez donc ! finissez ! vociféra Hans Vanderbum, cramoisi de fureur ; mais voyez donc ! Ils ne m'écoutent seulement pas !

Cette scène orageuse d'intérieur se passait au fond d'une forêt vierge de l'Ohio, à peu de dis-tance de la rivière Miami. Dans une clairière s'é-levait un village indien de vingt-cinq ou trente cabanes, ressemblant à un rucher gigantesque dont les habitants entraient, sortaient, cou-raient çà et là, comme des abeilles.

Sous les joyeux rayons du soleil levant s'épanouissait une fraîche matinée printanière, toute parfumée de fleurs, toute enguirlandée de feuilles et de rameaux naissants.

Le ciel bleu tendre et transparent souriait à la terre et lui envoyait la vie et la gaité avec des flots de lumière.

Tout se réjouissait dans la nature ; tout était de bonne humeur ; tout!... excepté Hans Vanderbum !

Parmi ces huttes, il y en avait une qui réunissait tout le confort de la vie sauvage ; elle était située un peu à l'écart, vers la partie du nord du village. Construite en forme de pain de sucre, elle était charpentée avec de longues perches réunies au sommet et entrelacées de peaux ou d'écorces. A l'extrémité supérieure de ce toit conique avait été ménagé un trou circulaire destiné à servir de cheminée. Sa structure solide était impénétrable à la pluie ; son agencement intérieur la mettait à l'abri du froid, et si, au point de vue architectural, elle n'avait rien d'artistique, elle n'en réalisait pas moins toutes les conditions du bien-être.

Les spirales bleuâtres d'une fumée légère tourbillonnant au dessus de son faîte, annonçaient l'activité de quelque opération culinaire entreprise par ses habitants. Une *Squaw* (femme) Shawnee s'occupait de préparer le repas du matin pendant que son *Seigneur* et *Maître*, mollement couché dans un coin, cherchait vainement à prolonger quelque peu son sommeil.

Cet important personnage, gros, épais, pléthorique, poussif et Hollandais d'origine était depuis quelques années l'heureux époux d'une veuve Indienne. Il répondait au nom glorieux d'Hans Vanderbum.

Sa sauvage moitié avait, de son premier mariage, un enfant d'environ trois ans : à ce premier fils était venu s'adjoindre un second héritier gros et bouffi comme son père, mais méchant comme un jeune chat. Cela formait une paire de petits vauriens, couleur chocolat, huileux, sales, désagréables aux yeux noirs comme la nuit ; aux cheveux longs, filandreux et raides comme la crinière d'un cheval sauvage. Tout pleins d'ins-

tincts endiablés, ils étaient précisément l'inverse de leur père, dont la stupidité épaisse n'était égalée que par sa colossale indolence.

Maître Hans Vanderbum avait quitté son chapeau, car il faisait trop chaud dans la hutte pour supporter une coiffure ; son gros ventre s'enflait et s'abaissait comme une vague de l'Océan, pendant que sa poitrine, à chaque respiration, faisait entendre un son rauque et sifflant, indice d'une suffocation permanente.

Les deux enfants n'auraient pas demandé mieux que d'aller jouer dehors, au soleil, si leur mère n'avait nettement opposé un veto avec lequel il n'aurait pas fait bon plaisanter. Désobéir à leur père, cela pouvait passer ; mais à leur mère ! les petits coquins s'en seraient bien gardés !

— Finirez-vous enfin ? finirez-vous ? répéta Hans furieux en soulevant sa tête, sans remuer aucune autre partie du corps.

Sa large face rouge de colère se détachait en vigueur sur le fonds obscur de la cabane, comme une pleine lune sur les nuages. Probablement ses regards exaspérés ne présageaient rien de bon, car les enfants prirent tout à coup un air contrit, et restèrent immobiles en suçant chacun leur pouce.

Le père les regarda pendant quelques instants avec une expression orageuse ; puis, s'amollissant peu à peu, il laissa retomber sa tête, respira longuement et referma ses paupières.

Aussitôt une étincelle se ralluma dans les yeux des deux petits vauriens : au travers de leurs longs cheveux épars ils lancèrent un regard à leur mère ; celle-ci ne faisait pas la moindre attention à eux. Rassuré de ce côté, l'aîné saisit son frère, le souleva dans ses bras, et le jeta à la renverse sur la grosse bedaine paternelle.

Cette manœuvre irrespectueuse amena une explosion. Mais déjà les deux coupables avaient fui dans le coin le plus éloigné, avec le soin d'interposer leur mère entre eux et le danger.

— Tonnerre et éclairs ! gronda Vanderbum ; vous êtes de la racaille indienne, petits gueux ! Pourquoi troubler ainsi votre pauvre papa qui use son existence pour vous soigner ? Je vous pílerai en atômes si ça continue !

Le malheureux Hollandais avait le système nerveux trop faible pour supporter cette dernière épreuve : sentant qu'il ne pourrait plus se rendormir, il se leva, foudroya du regard ses deux héritiers présomptifs, et leur adressa une harangue.

— Quanonshet ! petite peste Hollandaise ! et vous Madokawandock ! monstre Indien ! à quoi pensez-vous , scélérats ? quand vous tourmentez ainsi vos parents. Vous mériteriez d'être réduits en morceaux, pour avoir si fort manqué de respect à votre pauvre vieux père qui se brûle le sang pour vous. Eh ! à quoi pensez-vous ? Eh ! qu'y a-t-il dans vos méchantes cervelles ? demanda le père avec des branlements de tête furibonds.

Quanonshet et Madokawandock jugèrent prudent de ne rien répondre.

— Vous rendrez fou votre pauvre père ! petits démons ! lui qui dessèche pour vous sa peau et ses os ! poursuivit le Hollandais en faisant trémousser à chaque syllabe ses quatre mentons, ses joues cramoisies, et son ventre proéminent : Keewaygooshturkumkankingewock, ma chère, votre déjeûner est-il prêt ?

— Non ! grommela la ménagère d'un ton bourru; levez-vous, et faites quelque chose ! gros fainéant graisseux ! vous ne savez que dormir et fumer, pendant que je répands toute la sueur de mon malheureux corps à prendre soin de vous.

Cette gracieuse réponse, quoique faite en idiôme Shawnee, devenait parfaitement intelligible, grâce à la pantomime qui l'accompagnait.

Du reste, le calme parfait avec lequel Hans Vanderbum accueillit cette apostrophe, démontrait que la sérénité du paresseux esprit logé dans ce gros corps était à l'épreuve de semblables attaques.

A dire vrai, l'estimable Hollandais avait mis un grand empressement à adopter l'usage indien qui consiste à charger la femme de tous les travaux pénibles pendant que le mari se repose.

Cependant il ne pouvait pas se dire à l'abri des reproches, car, si, en vrai chef sauvage, il reposait jour et nuit sa majestueuse personne, d'un autre côté il dérogeait totalement aux prérogatives masculines en n'allant jamais ni à la chasse ni à la guerre ; sa corpulence énorme lui servait d'excuse pour motiver l'incurable paresse à laquelle il s'était voué. Finalement, le digne homme n'était bon à rien dans le ménage, si ce n'était à engloutir les vivres, à fumer, à dormir.

Quelquefois, lorsque le temps était beau, il allait à la pêche ; mais alors il fumait si copieusement que la consommation du tabac excédait notablement la valeur du poisson pris.

En certaines circonstances, on l'avait vu ramasser du bois pour le feu. Les motifs qui l'avaient déterminé à ce labeur ne purent jamais être bien éclaircis.

Peut-être son aimable épouse, madame Keewaygooshturkumkankingewock, aurait fourni des renseignements utiles sur ce point. Mais elle était aussi discrète que revêche.

Un beau jour, Hans Vanderbum avait été fait prisonnier, puis adopté par la tribu des Shawnees : l'Indienne, alors veuve, sentit son cœur répondre à celui du gros et jovial Hollandais, elle accepta sa main. Dans ce mariage, elle avait continué ses habitudes de ménage ; elle n'avait jamais songé à trouver un phénix en la personne épaisse et ventrue de ce gros *Visage Pâle* ; mais elle y avait deviné un maître doux et facile qu'elle gouvernerait à son gré.

Et elle ne s'était pas trompée.

Hans Vanderbum se leva et jeta à son épouse un coup d'œil de tourtereau , admirant d'un air dévot la manière dont elle préparait le déjeuner. Puis, dans le but d'amollir ce cœur si important à gagner, il se mit à murmurer des choses flatteuses pour elle , feignant de parler bas pour qu'elle ne l'entendît pas , mais prenant bien soin qu'elle ne perdît pas une syllabe.

— Oh ! la belle créature que Keewaygooshturkumkankingewock ! Il n'est pas étonnant que les plus braves guerriers Shawnees se soient passionnés pour elle; pas étonnant que moi... je me sois trouvé séduit par elle! Quels yeux! Quel joli pied!... long et mince comme une planche! sa taille aussi... des pieds à la tête! — Le repas est-il prêt, chère femme?

La ménagère fit un petit signe malin, et Hans Vanderbum accourut, léger comme un hippopotame. Un déjeûner frugal était servi sur la table rustique: Quanonshet et Madokawandock ne restèrent pas en arrière; bientôt les vivres disparurent comme par enchantement sous les vigoureuses attaques de ces quatre rudes mâchoires.

— Maintenant, garçons, il faut venir dehors apprendre vos leçons, dit le père en allumant sa pipe, et leur adressant un majestueux regard.

Les deux enfants se culbutèrent mutuellement dans leur ardeur à sortir plus vite. Vanderbum les suivit de près, pendant que la mère restait à l'intérieur pour terminer ses arrangements de ménage. Ce ne fut pas sans peine, et seulement après avoir réprimé bien des cabrioles que l'on put faire « avancer à l'ordre » Quanonshet et Madokawandock; enfin, ils se rapprochèrent du père et firent semblant de l'écouter.

Hans Vanderbum s'était muni d'un long bâton et avait choisi pour salle d'étude un bosquet dont le sol sablonneux pouvait aisément recevoir les dessins qu'il lui plairait d'y tracer. Après les préparatifs convenables et de sévères avertissements, il reproduisit sur le sable quelques lettres de l'alphabet allemand; se redressant ensuite comme un tambour-major, il demanda d'une voix de tonnerre.

— Nommez-moi ça!

Les deux gamins demeurèrent muets, s'entre-regardant d'un air confondu; leur cervelle éventée ne leur fournissait pas la moindre idée à ce sujet. Depuis trois mois, Hans avait déployé des prodiges de patience pour leur faire connaître une ou deux lettres, et tous deux avaient répété leurs noms au moins mille fois; mais tout cela était oublié à l'instant même; il ne restait rien de ces leçons laborieuses; les regards hébétés et inintelligents des deux élèves l'attestaient surabondamment.

— Tonnerre et éclairs! petites brutes d'Indiens-Hollandais manqués! grommela l'instituteur furieux.

Alors il leur dit les noms à prononcer, et les leur fit répéter de suite. Les deux gamins firent écho assez correctement, et reçurent avec orgueil les compliments paternels.

— Bien, mes enfants! vous commencez à apprendre; un de ces jours....

Hans Vanderbum n'acheva pas; l'explosion de sa pipe venait de lui couper la parole: un fragment du tuyau restait seul entre ses dents, tout le reste avait volé en éclats.

— Où est ma pipe...? murmura Vanderbum stupéfait, regardant autour de lui dans l'espoir de la découvrir quelque part à terre.

Quanonshet et Madokawandock partirent d'un violent éclat de rire, aussitôt réprimé pour faire place à de petites mines sérieuses et innocentes. Mais bientôt des soupçons se firent jour dans l'esprit du bonhomme, il les regarda tous deux de travers, et leur dit d'une voix féroce:

— Quel est celui de vous deux qui a mis de la poudre dans mon écume de mer? Hein!... qui a fait cette action là?

Les deux petits drôles se gardèrent bien de répondre; ils restèrent en contemplation, hochant la tête et regardant leurs pieds nus.

— Une dernière fois, qui est-ce?

Ils se mirent à parler à la fois, protestant chacun de leur innocence. Vanderbum, sans délibérer plus longtemps, opina que tous deux étaient coupables; en conséquence, il se mit à les fustiger avec son bâton de maître d'école. Les petits démons s'enfuirent en hurlant et disparurent dans la cabane.

— L'écume de mer ne peut se raccommoder, murmura Hans en roulant entre deux doigts le tuyau solitaire qui était resté à ses lèvres; non, rien ne me la rendra bonne au service. N'est-ce pas effrayant de voir tant de malice dans ces deux enfants?... Jamais!... Jamais, rien de bon en eux!

Affreux polissons! Ils me feront tourner la cervelle, avant de m'avoir fait mourir de chagrin'

Madame Vanderbum avait pour péché mignon l'habitude de sacrifier aussi au dieu Tabac. C'était pour son époux une flche de consolation ; en effet, rentrant au wigwam, il lui fit ses doléances, et reçut en cadeau la propre pipe de sa ménagère.

— J'espère qu'il n'y a pas de poudre dedans? observa-t-il en jetant un regard inquiet sur ce nouvel ustensile.

— Peut-on croire qu'il y ait autre chose que du tabac? répliqua-t-elle, à moins que vous n'y ayez mis vous-même de la poudre?

— Malédiction! je m'en garderais bien! ce serait bon pour me faire sauter les yeux hors de la tête! — Ces petites vermines de Hollandais manqués ont le diable au corps pour faire des méchancetés!... un beau jour on verra leur pauvre père perdre sa tête par leur fait! Ils deviendront ensuite ce qu'ils pourront.

— Eh! où voulez-vous en venir? riposta la ménagère en élevant progressivement la voix ; qui est-ce qui les supporte et en prend soin, jour et nuit? qui fait tout ici ! Qui?... dites un peu ?

— Oh! c'est vous! vous seule, chère amie! s'empressa de dire le gros homme, appréciant son imprudence ; je ne fais rien, moi! rien du tout! C'est ma femme, ma bonne petite Keewaygooshturkumkankingewock qui fait tout ! une perle ! un modèle de squaw ! un trésor !

Ces aimables propos calmèrent l'inflammable ménagère ; il y eut trêve.

— Et maintenant qu'allons-nous faire, ma douce Frau ?[1] lui demanda-t-il avec des intonations de tourterelle.

— Eh ! je vais travailler, semer le grain, préparer la terre, pour nourrir vous, Quanonshet et Madokawandock lorsque la neige sera venue.

— Bonne femme! excellente femme !! quelle Frau accomplie que ma chère Keewaygooshturkumkankingewock !!!

— Et vous, qu'allez-vous faire ? lui demanda

[1] Frau, épouse en hollandais

sa femme lorsqu'ils furent tous deux hors du wigwam.

— Je vais fumer en méditant! méditer en fumant! répondit le gros Hollandais avec une expression profonde.

— Vous ne pourriez pas penser aussi bien en péchant ?

— Je le suppose : oui, si c'est l'opinion de ma Frau, je le pourrais.

— Eh, bien ! c'est mon opinion.

L'opinion de sa femme était un ordre pour Vanderbum : il prit docilement ses filets, sa ligne, ses hameçons, et se dirigea vers la rivière.

Les premières heures de la matinée s'étaient écoulées, et le soleil tombait d'aplomb sur les cimes des arbres. Toutes les familles indiennes étaient sorties de leurs wigwams pour se livrer à leurs occupations journalières. Les femmes lavaient les vêtements, ou donnaient des soins à leurs nourrissons et coupaient du bois pour le feu du soir. Les adolescents rôdaient dans les bois pour y dénicher des oiseaux, ou s'exerçaient à la pêche. Quelques malades et quelques vieillards s'étaient assis devant leurs portes pour se réchauffer au soleil : tous les hommes valides étaient à la chasse ou sur le sentier de guerre.

Plongé dans son apathie ordinaire, Vanderbum passa au milieu des Indiens sans remarquer le moins du monde qu'ils avaient des allures extraordinaires, et, qu'avec un air préoccupé, ils allaient et venaient sur les bords de la rivière.

Vanderbum donna tête baissée dans un groupe auquel il ne prit nullement garde : tous les Indiens qui en faisaient partie paraissaient fort occupés à surveiller la surface de l'eau comme s'ils se fussent attendus à y voir apparaître quelque chose d'intéressant.

Si Hans Vanderbum eût été moins méditatif, il aurait également été frappé d'une autre circonstance assez bizarre: un cri aigu comme le sifflement d'un oiseau se fit entendre une douzaine de fois dans la forêt: le gros Hollandais ne remarqua même pas que ce cri semblait l'accompagner de près, jusqu'au bord de la rivière.

Enfin, il ne s'aperçut en aucune façon des

regards curieux que lui jetaient les Indiens ; et il se rendit jusqu'au rivage de son pas lourd et calme, sans retourner la tête, sans cligner de l'œil.

Arrivé à son poste de pêche, il procéda méticuleusement aux préparatifs les plus longs et les plus minutieux. Déployant sa ligne à plusieurs hameçons, il les amorça de vers sur lesquels il crachotta — pour les calmer — durant toute l'opération. Ensuite il attacha un petit caillou au bout de la ligne, la fit tournoyer comme une fronde autour de sa tête, et la lança fort adroitement dans l'eau.

Pour mieux la suivre, il se plaça sur un gros arbre dont le tronc surplombait d'une douzaine de pieds le courant de la rivière ; ce rustique observatoire était sa place favorite. Au bout, se trouvait une espèce de siège formé par trois branches : là, le placide Hollandais avait passé d'heureuses heures à *méditer* au milieu des nuages de fumée dont il s'enveloppait.

Ce jour là, entraîné par ses pensées profondes, il s'installa sur la dernière branche qui s'avançait au-dessus de l'eau plus loin que toutes les autres.

Ainsi perché au milieu du feuillage tremblant, il ressemblait assez bien à un gros ours brun fourvoyé dans quelque excursion de grapillage.

Une fois bien assis solidement, il concentra toute son attention sur sa pipe et sa ligne : on l'eût bien étonné si on lui avait dit que plusieurs groupes de Shawnees l'observaient d'un œil curieux et moqueur.

Au bout de quelques minutes, le flotteur de sa ligne se trémoussa vivement, il donna un coup de main habile, et tira de l'eau un beau poisson qu'il jeta tout frétillant sur la rive.

— Fameux ! fameux ! murmura-t-il ; voilà un début qui promet ; ma Frau sera contente, j'imagine ; eh ! pourquoi ne le serait-elle pas ? Oui, je serai bien reçu, de par tous les...!

Hans jouait de malheur ; son monologue se termina à six pieds sous l'eau : la branche qui lui servait de siège venait de se rompre, lui laissant faire un monstrueux plongeon dans la rivière.

Grâce à l'énorme volume de sa grasse personne, il reparut bientôt à la surface, roulant comme un tonneau, soufflant comme un marsouin, aux retentissants éclats de rire de tous les spectateurs.

— Race de singes ! vermine sauvage ! grondait-il en nageant vigoureusement vers le bord ; Quanonshet et Madokawandock ont juré la mort de leur pauvre père ! c'est là leur fait, je les reconnais ! ils ont tranché la branche à coups de hache. Oh ! quelle capilotade j'en vais faire, tout à l'heure !

Examen fait de sa personne, il constata que la ligne n'était point perdue ; un hameçon s'était piqué à ses vêtements. A tout prendre, ce bain, quoique forcé, n'avait eu aucun mauvais résultat, sa pipe lui était restée aux dents ; Hans Vanderbum résolut de continuer *ses méditations.*

Avant tout, il examina soigneusement le terrain, pour savoir si ses charmants héritiers présomptifs n'auraient point tendu d'autres embûches : rassuré sur ce point délicat, il se replaça dans son arbre et en quelques minutes il eût oublié l'univers entier, ses fils, les Shawnees, et même son plongeon de tout à l'heure.

Le poisson mordait à ravir ; en moins d'une heure il eût réalisé une pêche qui lui assurait bonne réception au logis. Quand il se vit ainsi approvisionné, il s'aperçut aussi que son tabac s'était mouillé dans la rivière ; cela lui donna des velléités de regagner le wigwam.

A cet instant, un morceau d'écorce flottant vint se heurter contre sa ligne : il la dégagea sans accorder aucune attention à cet incident qui n'avait, du reste, rien que de très-naturel en apparence.

Mais une minute après, un second, puis un troisième morceau vinrent encombrer sa ligne : il en conclut que c'était encore quelque méchante plaisanterie dont il était victime.

— Tonnerre et éclairs ! grommela-t-il en inspectant les alentours ; que prétendent-ils faire ? Ce sont encore ces fainéants de Shawnees qui veulent me troubler !

Il s'installa sur la dernière branche qui s'avançait au-dessus de l'eau. (Page 8.)

Cependant, ses recherches n'amenèrent aucune découverte de nature à confirmer cette supposition. Alors il reporta son attention sur sa ligne, et la vit entourée d'une flotille de morceaux d'écorce, tous taillés dans la forme des canots indiens.

Cela, décidément, voulait dire quelque chose :
— Ah! ah! s'écria-t-il, je saurai ce qu'il en est !

Ses regards, remontant le cours de la rivière, aperçurent une certaine quantité de petits objets semblables qui suivaient le fil de l'eau en droite ligne, à partir d'un point facile à reconnaître. A environ deux cents pas en amont se trouvait, penché sur la rivière, un arbre entièrement semblable à celui qu'occupait Vanderbum : c'é-

tait de là que semblaient venir les petits canots en écorce.

— Ce ne peuvent être ces deux mauvais garnements d'enfants qui se livrent à cet exercice, murmura-t-il ; je sais bien que l'envie de mal faire et de tourmenter le pauvre vieux papa ne leur manque pas ; mais ils ne seraient pas capables de sculpter d'aussi jolis petits bateaux, et ils ne seraient pas assez adroits pour les lancer de façon à me rejoindre. Non, il y a quelqu'un sur cet arbre, il agit ainsi pour attirer mon attention : cependant, j'ai beau regarder je ne vois personne.

Après un long examen, il finit par s'apercevoir qu'une branche de l'arbre en question s'agitait

mystérieusement, quoiqu'il ne fît pas le moindre souffle d'air. Évidemment il y avait là quelque individu désireux de ne pas être aperçu par
les Shawnees disséminés sur les rives.

Vanderbum en conclut qu'il lui fallait être
fort circonspect dans ses observations.

Quelques minutes plus tard il fit une nouvelle découverte fort significative : il remarqua
une main qui battait l'eau de façon à la faire
jaillir en l'air.

— En voilà assez! murmura-t-il ; il y a par là
un individu qui ne veut se découvrir qu'à moi,
et qui se cache de tous ces badauds à peau rouge
errant sur le bord de l'eau. Je vais aller voir ce
que c'est.

Sur ce propos, il gagna la terre en marchant
prudemment à reculons, et prit ostensiblement
le chemin de son wigwam. A sa grande satisfaction, il constata que les Indiens n'avaient fait
aucune attention à lui.

Après avoir fait quelques pas dans le bois, il
y cacha sa ligne et ses poissons ; puis, par un
long détour, il se dirigea vers l'arbre mystérieux.

En route, il fut pris d'une certaine perplexité :
— Si je n'allais trouver personne...? se dit-il en
jetant çà et là ses yeux à la découverte; si c'é-
taient mes deux coquins de fils...? Mais je ne puis
guère le croire : ce que j'ai vu dans les branches
ne leur ressemblait pas.

Tout à coup un sifflement frappa son oreille :
il releva les yeux et aperçut devant lui un Indien
Huron.

A la façon dont tous deux s'abordèrent, il était
facile de voir qu'ils étaient d'anciennes connais-
sances.

— Ah! c'est vous, Oonomoo! s'écria Vanderbum.

— Oui, moi, Oonomoo, répondit l'Indien en
donnant à son nom une prononciation différente
de celle qu'avait employée le Hollandais.

— C'était vous qui étiez sur cet arbre tout à
l'heure?

— Oui, moi, Oonomoo, dans cet arbre.

— Et vous avez envoyé sur l'eau tous ces petits
canots en écorce?

— Oui, je les ai envoyés.

— Et, c'est votre main qui battait l'eau?

— Oui ; Oonomoo a fait tout ça !

— Je suppose que c'était pour m'avertir?

— Oui, Oonomoo voulait vous voir et vous
parler, répliqua l'Indien en faisant signe à Vanderbum de le suivre.

Aussitôt tous deux s'enfoncèrent dans le fourré,
de façon à être à l'abri de tout regard : le Hollandais n'hésita pas à suivre le Huron dont la
loyauté et l'amitié lui étaient connues.

— Et d'où venez-vous comme ça? demanda
Vanderbum en faisant halte.

— Combattre les Shawnees, dit dédaigneusement le guerrier.

— Ah ! en effet vous avez la peinture de guerre :
et... qu'avez-vous fait ?

— La hutte d'Oonomoo est pleine de chevelures scalpées aux lâches Shawnees depuis la
dernière lune, reprit le Huron avec des éclairs
dans les yeux.

Cette réponse fut faite en idiome Shawnee
que l'Indien parlait facilement : Vanderbum
aussi l'entendait et le parlait ; leur conversation
continua dans cette langue.

— Quand avez-vous vu Annie Stanton pour la
dernière fois? demanda Vanderbum d'un air em-
pressé.

— Il y a plusieurs lunes, alors que le soleil
était dans les bois, et que les eaux dormaient.

— Son mari, cette canaille de Ferrington, est-
il toujours vivant !

— Oui.

— Et leur baby ?

— Oui ; ils ont deux enfants.

— Tonnerre et éclairs ! fit Vanderbum revenant
à sa langue natale pour lancer son interjection
favorite : cette fille là a failli m'épouser.

— Pourquoi n'est-elle pas devenue votre femme ? demanda Oonomoo également en anglais.

— Elle ne marchait pas le droit chemin, comme
il convient à une brave fille; ce n'était pas ma

Keewaygooshturkumkankingewock, qui est tout d'une pièce, elle, de la tête aux pieds. J'ai abandonné l'autre à ce Ferrington.

Le Huron répondit par un gros rire, en homme qui sait à quoi s'en tenir. Evidemment il n'était pas occupé d'une affaire urgente, sans quoi il n'aurait pas perdu son temps en pareils bavardages.

— Pensez-vous que le baby vivra ?

— C'est possible ; à présent qu'ils sont dans les *Settlements* (cultures européennes), les Shawnees ne pourront plus s'en emparer ; ils ne vivront plus dans les bois comme par le passé.

— Ce sera heureux pour eux : je ne pense pas qu'ils reviennent par ici comme ils avaient essayé de le faire. Vous rappelez-vous cette époque ? Nous étions dans la hutte de chasse ; vous descendites par la cheminée, et moi, je fis prisonnier un Shawnee ?

Le Huron répondit par un signe de tête affirmatif.

— Ah ! ce fut un jour mémorable, poursuivit Vanderbum ; je quittai le village par une après-midi brûlante, je marchai tout le jour à travers bois, pour porter secours à ces pauvres gens. Oui, nous en avons vu, alors ! J'attrapai un rhume, et il me devint impossible de maîtriser mon scélérat de nez ; dans la nuit j'éternuai malencontreusement, ce fut cause que les Shawnees me firent prisonnier. Eh bien ! ça n'en alla plus mal ensuite, ajouta le gros bonhomme d'un ton dégagé ; ce fut le commencement des causes de mon mariage avec ma Keewaygooshturkumkankingewock.

— Quand vous en allez-vous ? demanda Oonomoo.

— Au village ? est-ce ce que vous voulez dire ?

— Oui.

— Un peu avant midi ; pour que ma femme ait en temps utile le poisson pour notre dîner.

— Dans une ou deux heures, le soleil sera là, dit le Huron en montrant du doigt le haut du ciel : les Shawnees vous savent-ils ici ?

— Certes non ! je ne m'occupe pas de ce qu'ils font ; ils ne s'occupent pas de ce que je fais.

— Les Shawnees ne viendront pas ici ?

— Non, non Oonomoo : n'ayez pas peur.

— Peur ! et de quoi ? demanda fièrement le Huron ; Oonomoo n'a jamais fui devant un, deux, trois, douze Shawnees. Il ne fuira que lorsqu'il les verra accourir plus nombreux que les feuilles des bois.

— Ils ne viendront jamais en si grande quantité : Et quand cela arriverait ! vous sauriez leur montrer les talons, car vous jouez des jambes aussi bien qu'un autre : vous ne courez pas moins bien que moi, je suppose ?

— Je le pense ! fit l'Indien avec une grimace.

— Les Shawnees seraient contents de scalper votre chevelure, Oonomoo ?

— Deux, trois cents, tous les Shawnees ne parviendraient pas à scalper Oonomoo ! il mourra dans sa hutte avec sa chevelure ! répliqua dédaigneusement le Huron.

— Sans doute ; j'espère bien qu'il en sera ainsi.

Subitement le visage d'Oonomoo changea, et prit une expression sombre et inquiète. Il se préparait à aborder le vrai objet de sa démarche.

— L'avez-vous vue ce matin ? lui demanda-t-il d'un ton bref.

— Vue ?... qui ?... répondit Vanderbum dérouté et ne comprenant rien à cette question.

— La femme ?...

— Quelle femme ? Celle dont nous parlions tout à l'heure ? la mienne ?

— Celle que les Shawnees ont amenée dans leur village.

L'air étonné du Hollandais indiquant qu'il ne savait ce que voulait dire le Huron, celui-ci ajouta en forme d'explication :

— Les Shawnees tuent les femmes et les enfants ; ce ne sont pas des guerriers ! ils n'osent combattre les hommes ! Ils ont brûlé les cabanes l'autre jour, et enlevé une jeune femme qu'ils ont entraînée dans leur village. — C'est la femme d'un ami d'Oonomoo. Oonomoo voudrait la revoir.

A travers ces propos décousus, Vanderbum devina que dans une expédition guerrière, les

Shawnees avaient capturé une personne chère au Huron. C'était dans le but de s'informer d'elle que celui-ci avait fait des signaux à Vanderbum. Mais comme l'arrivée de cette prisonnière était si récente que le Hollandais n'en savait même rien encore, il ne put renseigner le Huron comme celui-ci l'aurait désiré.

— Quand l'ont-ils prise ? demanda Hans.

— Avant-hier, lorsque le soleil était là ; répondit le Huron en montrant le couchant.

— Vous voulez savoir ce qu'elle est devenue ?

— Oui.

— Eh bien ! je vais aux informations.

A ces mots, Vanderbum se mit vivement en route pour regagner le village.

CHAPITRE II

PERSONNAGES NOUVEAUX

Après avoir quitté le Huron, Hans Vanderbum fit toute la diligence que comportait sa grosse personne. Plein d'amitié pour le Huron qu'il savait bon et honnête, il brûlait du désir de lui rendre le service qu'il lui avait demandé. Un autre sentiment encore faisait battre le cœur du brave Hollandais dans sa vaste poitrine : c'était une pitié profonde pour la malheureuse créature tombée au pouvoir des Shawnees.

Il était si absorbé dans ses pensées, qu'il marchait tête baissée sans regarder devant lui, lorsque soudainement il se heurta contre son épouse : celle-ci, brandissant une pioche, lui demanda aigrement :

— Où est votre poisson ?

Le bonhomme battit prestement en retraite, les mains élevées sur sa tête pour la protéger contre toute rencontre fâcheuse avec la menaçante pioche :

— Je les avais oubliés, bredouilla-t-il, je vais vite les chercher.

Et il prit la fuite, activé par le bruit inquiétant de la pioche qui résonnait derrière lui sur le sol. Ses recherches ne furent pas longues ; bientôt il reparut triomphalement avec sa corbeille pleine, qu'il déposa entre les bras de sa tendre moitié.

— Comment vous trouvez-vous en pareil état ? demanda-t-elle en remarquant ses habits mouillés.

— Ce sont les deux petits demi-sang hollandais qui en sont cause : ils ont coupé à moitié ma branche, et je suis tombé avec elle jusqu'au fond de l'eau. Ils tueront un jour leur pauvre père !

L'aimable femme dédaigna de répondre, arracha le poisson des mains de son mari, et entra dans le wigwam pour se mettre à la cuisine.

Pendant ce temps, Vanderbum se mit à rôder dans le village, cherchant à découvrir la captive, et déployant pour cela tout son génie ; — car malgré sa lourde apparence, il ne manquait pas d'une certaine malice.

Ses recherches ne furent pas longues : au milieu du village, ses yeux tombèrent sur un groupe tumultueux qui entourait une cabane, s'efforçant de voir dans l'intérieur, parlant et gesticulant tout à la fois.

— Qu'est-ce qu'il y a encore de nouveau ? demanda-t-il brusquement aux assistants tout en se frayant vigoureusement passage au travers de la foule.

Personne ne lui répondit, ce qui ne l'empêcha point de satisfaire sa curiosité en s'introduisant dans la hutte : là, il trouva une jeune fille âgée d'environ quinze ou seize ans, assise par terre à côté d'une vieille squaw avec laquelle elle avait cherché à lier conversation. Mais, n'ayant pu se comprendre parce qu'elles parlaient chacune un idiome différent, les deux femmes demeuraient muettes et immobiles.

Hans Vanderbum l'examina avec curiosité et sentit son cœur se serrer d'une tendre pitié pour la charmante créature qu'il avait sous les yeux. Elle portait le costume simple et grossier des

Settlers (européens entreprenant la culture et les défrichements au désert), sa noire et longue chevelure ruisselait sur ses épaules en masses luxuriantes : dans son attitude suppliante, ses mains jointes, sa tête penchée, on lisait une expression de résignation et de douceur qui aurait attendri tout autre qu'un sauvage Shawnee.

Son visage était correct et attrayant; ses traits, sans être d'une beauté éblouissante, avaient un attrait tout particulier à cause de leur distinction modeste et calme. Elle semblait au milieu des sauvages créatures qui l'entouraient comme un ange égaré parmi des démons.

Hans Vanderbum avait si grande hâte pour arriver à son but, qu'il en était tout essoufflé ; sa respiration bruyante attira l'attention de la captive. A la vue d'un blanc, elle se leva vivement, courut vers lui éperdue et lui dit avec un accent déchirant :

— Oh! que je suis heureuse de trouver ici un homme de ma couleur et de ma race! J'espère qu'il sera bon pour moi!

— Oui! je serai votre ami! répliqua Vanderbum, sachant à peine ce qu'il disait; je suis on ne peut plus désolé de vous voir en pareille situation. Comment vous trouvez-vous ici?

— Ce sont les guerriers Shawnees qui m'ont amenée ici après m'avoir enlevée. Ils ont attaqué, pendant la nuit, notre maison où j'étais seule avec les servantes : ils ont massacré tout le monde excepté moi, et m'ont traînée jusqu'ici pour me faire mourir en captivité.

— En effet, les Shawnees sont très forts sur ce genre d'exploit : Pour avoir éternué mal à propos, j'ai été capturé par eux, moi aussi, et condamné à mourir en captivité! soupira Vanderbum d'une voix dolente.

— Vous êtes prisonnier aussi? demanda la jeune fille avec surprise.

— Oui, mais avec des modifications : j'ai pris pour femme Keewaygooshturkumkankingewock; j'ai deux enfants — des demi-sang hollandais, Quanonshet et Madokawandock ; — ces sauvages,

j'imagine, n'ont plus sur moi les mêmes projets que sur vous.

— Croyez-vous que quelqu'un des assistants comprenne l'anglais? demanda la jeune fille en baissant la voix.

— Non, aucune femme, excepté la mienne qui est absente, ne sait ce langage; les hommes sont aussi ignorants que des carpes sur ce point. Vous pouvez sans crainte me parler tant que vous voudrez.

— Vous ne me trahirez pas? dit ingénument la captive en fixant sur le gros Hollandais ses yeux noirs et expressifs.

— Non! mille fois non! répliqua-t-il énergiquement. Comment vous nommez-vous?

— Mary Prescot.

— En quel endroit habitez-vous?

— A environ trente milles, dans la direction de l'est, je crois.

— Connaissez-vous Oonomoo?

Hans Vanderbum fit cette question en baissant la voix, car ce nom guerrier était connu de tous les Shawnees.

— Un indien Huron! oh! oui, je le connais bien! répondit Marie dont le beau visage s'illumina d'espérance. Il est bien connu dans notre résidence et considéré par nous tous comme un vrai ami. Le connaîtriez-vous aussi?... votre question me le donne à penser!

— Certes! oui, je le connais; lui aussi me connaît bien; enfin, nous sommes une paire de bons vieux camarades. Ce gentleman est dans les bois tout près d'ici; il m'a chargé de m'informer de vous.

La prisonnière ne put retenir une exclamation joyeuse.

— Dites-lui que je ne suis point blessée et que j'ai bon espoir, dû moment qu'il s'occupe de me sauver : recommandez lui bien de ne s'exposer à aucun danger témérairement.

— Aucun danger! répéta Vanderbum ; mais il ne vit que de ça! Il serait mort d'ennui au bout de huit jours s'il lui fallait se priver de danger! mais c'est son rêve, son existence, sa passion, le danger!

— Oui, oui, je sais que c'est un brave, un indien au cœur droit; il est grandement estimé des frères Moraves. Il n'hésite jamais devant le péril.

— Et croyez bien qu'il sait toujours en sortir sain et sauf. Il connaît toutes les ruses de chasse et de guerre : bast! un Shawnee ne lui vient pas au genou! — Où sont vos parents?

— Ma mère et ma sœur étaient parties pour faire une visite à Falsington, qui est à quinze ou vingt milles de chez nous. Mon père, capitaine dans l'armée américaine, est en expédition sur la frontière. Ah! je bénis le ciel de ce que ma mère bien aimée et mon Hélène aient été absentes! elles ont ainsi échappé à cette affreuse captivité.

— Mais, on ne vous avait pas laissée seule?

— Oh! non, il y avait avec moi tous nos domestiques., Je les ai vu tombant sous les tomahawks... j'ai entendu leurs cris déchirants...

La malheureuse enfant cacha sa tête dans ses mains; un long frisson agita tout son corps au souvenir des scènes sanglantes dont elle venait de parler. Elle resta plusieurs minutes sans pouvoir dire une parole. Enfin, lorsqu'il la vit plus calme, Vanderbum lui adressa de nouvelles questions.

— Ils ont brûlé l'établissement je suppose?

— Oui, tout a été détruit par ces méchants.

Comme votre pauvre famille va être au désespoir lorsqu'en revenant elle ne vous retrouvera plus, et reconnaîtra les ravages faits par les Shawnees!

— Oh! oui, sans doute! ne me parlez pas de cela!

H... Vanderbum s'aperçut alors seulement que sa conversation ne prenait pas une tournure extrêmement consolante pour la pauvre captive; il chercha à dissiper le mal qu'il venait de faire, et lui passant doucement la main sur la tête, il dit gentiment:

— Ne vous tourmentez pas, ma mignonne; je comprends bien votre triste position et j'en suis bien chagrin. Mais je voudrais vous faire encore une question.

— Laquelle? demanda la jeune fille avec un regard étonné.

— Mais... y répondrez vous...? murmura Vanderbum avec une expression bizarre et mystérieuse.

— Je vous répondrai sur le champ, si c'est en mon pouvoir. Je vous en conjure, n'hésitez pas à me la faire.

— Eh bien! je me risque. Je voudrais savoir quelque chose... comme qui dirait... savoir, si quelque beau et bon garçon ne serait pas amoureux de vous, vous amoureuse de lui, ce qui ferait que vous seriez amoureux l'un de l'autre?

Une vive rougeur envahit les épaules, le cou et le visage de Marie, jusqu'aux cheveux; cette muette réponse valait bien des paroles. Néanmoins Vanderbum insista doucement.

— Pourquoi vous cacherais-je la vérité? répliqua-t-elle enfin; j'ai un jeune ami bien cher.

— Vous le nommez...?

— Le lieutenant Canfield qui sert sous les ordres de mon père.

— Ah! ah! Et il ne sait rien de ce qui vous est arrivé?

— Je ne puis rien assurer. Oonomoo, qui est le coureur le plus agile de toute la contrée, a été souvent employé à porter des messages entre les officiers et leurs familles : Il m'a rapporté dernièrement que le lieutenant Canfield avait l'intention de nous faire prochainement une petite visite. Peut-être sera-t-il arrivé presque aussitôt après le départ des Indiens.

— Ah! ce serait une bonne affaire, s'il en était ainsi.

— Pourquoi?... une bonne affaire?...

— Est-ce qu'il connaît Oonomoo?

— Certainement, depuis plusieurs années.

— Très bien! Ils se réuniront pour faire leurs plans et vous tirer des griffes de ces coquins, le plus tôt possible.

— Je l'espère! oui, je l'espère! La mort serait moins terrible que tout ce que j'ai souffert surtout cette nuit. Oh! vous ne m'abandonnerez point, n'est-ce pas ? dit la pauvre enfant dont les yeux se remplirent de larmes.

Il pleurait aussi, le brave Vanderbum! mais il se serait bien gardé de l'avouer. Il se fourra les poings dans les yeux en grommelant contre cette fumée de malheur qui obscurcissait la vue. Mais il ne tarda pas à reprendre son aplomb et répondit avec un soupir de taureau :

— Ah! mais non! je ne vous abandonnerai pas; n'ayez pas peur! Ils ne vous feront aucun mal, j'en réponds, d'ici à un jour ou deux. Peut-être bien, ensuite, qu'ils penseront à vous brûler; mais alors Oonomoo sera averti et nous serons là. Mais il faut que j'aille retrouver le Huron, voilà longtemps que je l'ai quitté.

— Dites-lui que me voilà courageuse et pleine d'espoir.

— Rien autre ?... rien de plus ?... demanda Vanderbum avec insistance.

— Non, je ne vois plus rien à dire : il n'a certainement pas besoin de recevoir de moi des conseils.

— Alors donc... rien pour le lieutenant Canfield... hein ?...

— Dites à Oonomoo, répondit la jeune fille en baissant les yeux, que s'il rencontre le lieutenant Canfield, il lui exprime combien je suis pénétrée de confiance et d'espoir en lui; qu'il lui apprenne que j'ai un excellent ami qui adoucit pour moi les horreurs de la captivité.

— Et, quel est cet ami ?

— Vous.

— Ma foi! vous dites vrai! je ferais bien des choses pour vous, chère enfant! Adieu. Soyez bonne fille jusqu'à mon retour. Je reviendrai le plus tôt possible.

Aussitôt Hans sortit du wigwam et se mit en route pour rejoindre Oonomoo. Sa conversation prolongée avec la prisonnière avait excité la curiosité des Indiens, qui ne manquèrent pas de l'accabler de questions à ce sujet. Mais il se tint sur la réserve et leur fit à tous la même réponse moqueuse :

— Nous avons parlé beaucoup sans rien dire :

Elle n'a cessé de m'expliquer qu'elle ne savait pas s'il ferait pluie ou beau temps; mais elle était sûre que l'un des deux arriverait.

Les Indiens furent bien obligés de se contenter de cette balirerne; ils se bornèrent à en rire sans y chercher aucun sujet de méfiance, car, dans la peuplade, Vanderbum passait pour être un peu fou.

Le soleil marquait midi lorsqu'il arriva à son wigwam. Le poisson était cuit à point, la table superbement mise, et la dame du logis se montrait très empressée de faire honneur à sa propre cuisine.

Vanderbum aurait donné le petit doigt de sa main gauche pour être libre de rejoindre immédiatement Oonomoo. Mais il comptait sans sa terrible hôtesse. Cependant il essaya de parlementer.

— Prrrrrou! fit-il au moment où on lui proposa de se mettre à table; je,... j'ai, .. j'aurais plutôt besoin de faire un petit tour de promenade pour me réchauffer et me mettre en appétit: ce scélérat de bai. forcé que j'ai pris dans la rivière..

Ici, il fut accueilli par un double éclat de rire aussi irrévérencieux que possible. C'étaient ses deux charmants rejetons, Quanonshet et Madokawandock, qui lui faisaient leur compliment de condoléance. Le bonhomme leur jeta un regard éloquent, qui promettait... et qui leur fit faire le plongeon sous les bancs.

— Eh bien! quoi ? riposta l'aigre ménagère; vous dites que vous avez besoin de vous réchauffer, et je vois couler la sueur sur votre front, comme la graisse sur un porc qui rôtit.

Le fait est que le malheureux Hollandais s'essuyait le visage au moment même où il parlait de se réchauffer... On ne peut penser à tout.

— Ah! c'est vrai... répondit-il avec humilité, je voulais dire... que... je n'ai pas faim, et que j'ai besoin d'un petit tour de promenade pour exciter mon estomac.

En même temps il fit deux pas vers la porte. Hélas! il n'alla pas plus loin; sa redoutable épouse jeta sur son épaule une main noire et crochue qui s'enfonça dans la manche et peut-être aussi dans le *lard* du fugitif; puis elle le ramena d'autorité à sa place.

— Mais ma bonne amie...

— Asseyez-vous et mangez !

— Je voudrais...

— Je ne veux pas !

— Mon aimable Keewaygooshturkumkankingewock...

— Taisez-vous !

— Avec plaisir,.. je ne dis plus rien... et je mange... Tonnerre et éclairs ! que ce poisson sent bon ! ah ! si je suis un adroit pêcheur, vous êtes une habile cuisinière !

Pour prix de sa flatteuse soumission, il reçut une portion double qu'il fallut dévorer sans reprendre haleine.

Intérieurement, il se sentait bouillir en songeant qu'Oonomoo l'attendait et perdait infailliblement patience.

Mais, d'autre part, il se consolait un peu en donnant carrière à sa vorace gourmandise, et en réfléchissant que, la première vertu de l'Indien étant une ténacité invincible, il retrouverait probablement son ami au rendez-vous.

Enfin le repas finit, et, pour la première fois de sa vie, Hans Vanderbum quitta la table avec plaisir.

Un quart d'heure après il avait rejoint Oonomoo. Ce dernier était sur le point de partir, lassé d'une aussi longue attente. Hans Vanderbum s'excusa de son mieux et se hâta de répondre aux avides questions de l'Indien, concernant la jeune et intéressante prisonnière.

— Elle m'a chargé de vous dire que, si elle est malade d'esprit, elle se porte assez bien d'ailleurs; que, du reste, elle compte sur vous, espérant bien que, sans trop vous exposer, vous la délivrerez.

— Oonomoo ne craint personne ! il corrigera les Shawnees comme des chiens; il délivrera la jeune fille tout de suite.

— Ah ! Que je n'oublie pas ceci ! Elle m'a dit pour le lieutenant Canfield exactement ce qu'elle m'a dit pour vous. Pensez-vous le voir bientôt.

— Je le verrai tout à l'heure; il m'attend près d'ici dans les bois. Je lui rapporterai les paroles de la jeune fille.

— Tout ça me fait plaisir à savoir, Oonomoo. Je suppose qu'on vous reverra bientôt par ici.

— Bientôt; je ne serai pas seul — avertissez la jeune fille — que ses yeux regardent là où elle entendra un sifflement... que ses oreilles soient ouvertes. — Et vous aussi, écoutez bien !

— Parfaitement! suffit ! Tout à l'heure, si je n'ai pas deviné que c'était vous, c'est parce que je ne m'y attendais pas. Maintenant, je suis averti, j'aurai l'oreille prompte, soyez tranquille! vous partez?

Le Huron fit un signe affirmatif et disparut comme une ombre, ainsi qu'il était venu. Hans Vanderbum resta encore quelques minutes en méditation, regardant les voûtes sombres de la forêt, sous lesquelles s'était évanouie la forme brune et fugitive de l'Indien. Enfin il regagna son logis en marmottant des propos confus.

La journée était extrêmement chaude pour la saison; tout semblait endormi dans le village Indien, Hans remarqua que beaucoup de Shawnees étaient cependant restés sur les bords du fleuve Miami: sans attacher beaucoup d'attention à cette circonstance, il attribua leur présence en ce lieu à l'accablement produit par la chaleur, et au désir de chercher le frais.

Tout en méditant sur les aventures de cette journée étrange, il arriva à son wigwam : là, une joie imprévue l'attendait. Son domicile avait été assigné pour résidence à Miss Prescott : la terrible dame Vanderbum était préposée à sa garde, avec ordre de ne pas la perdre de vue pendant une seule minute.

Un détail parut quelque peu dur et trop personnel à Vanderbum : en cas d'évasion, c'était lui qui devait être responsable et la payer de sa vie.

— C'est délicat ! murmura-t-il ; je voudrais

Debout ! Caton, debout ! tête folle... (Page 23.)

bien savoir comment Oonomoo va s'en tirer !

Ici nous croyons devoir esquisser rapidement quelques détails nécessaires pour l'intelligence de cette histoire.

L'époque où ces diverses phases s'accomplirent était contemporaine de la grande victoire remportée par Anthony Wayne sur les forces combinées des tribus Indiennes de l'Ouest. La conséquence de ce triomphe décisif et de celui remporté à Greenville avait été une paix profonde dans le sein de cette région jadis si profondément bouleversée.

Néanmoins il était resté un vieux levain de guerre parmi les peuplades riveraines du Mississipi. Les habitations isolées, les petits corps de troupes, les voyageurs forestiers étaient encore fréquemment attaqués par les Peaux-Rouges : souvent des luttes sanglantes s'élevaient entre les Indiens et les hardis chasseurs des frontières : dans les solitudes profondes des forêts on trouvait çà et là des ossements blanchis attestant quelque meurtre ignoré.

Le capitaine Prescott, plein de confiance dans l'efficacité du traité de Greenville, avait fait construire une belle habitation sur l'extrême frontière, au milieu d'une concession que lui avait faite le gouvernement.

Ce ne fut pas néanmoins sans appréhension qu'il installa sa femme et ses deux filles dans cette résidence solitaire. Il leur donna un nombreux personnel domestique, capable de les défendre pendant son absence. Ses occupa-

2

tions militaires, qui l'appelaient sans cesse à de lointaines expéditions, le retinrent éloigné de sa famille pendant plus de trois années, durant lesquelles il pût lui accorder seulement quelques rares visites de peu de durée.

Dans une de ces apparitions, le capitaine Prescott fut accompagné par le jeune lieutenant Canfield. Il n'est pas besoin de dire que ce dernier fut ravi par les grâces naïves de Marie : à peine adolescente, mais douce et grave, elle avait hérité de son père la loyauté, la sensibilité exquise, la noble fermeté; et de sa mère une gentillesse modeste, une bonté inaltérable, un charme indéfinissable.

Étant la dernière venue, elle était l'enfant gâtée de tout le monde, mais sans avoir trouvé dans ses parents cette lâche et folle tendresse qui perd les meilleures natures.

Le lieutenant Canfield lui apparut à l'âge où toute jeune fille a le cœur ouvert, comme une fleur épanouie, à la tendresse, aux rêves d'amour, aux douces illusions. Les nobles qualités du jeune officier, sa franchise innocente, ses allures chevaleresques firent une profonde impression sur elle ; elle l'aima comme elle en était aimée, sous les yeux souriants de son père heureux de leur mutuelle affection.

Alors ces deux jeunes cœurs passèrent de beaux jours à parler ensemble ce langage muet et charmant qui dit tant de choses au moyen du silence. Petits signes surpris, regards saisis au vol, rougeurs fugitives, soupirs insaisissables, rêveries furtives, tristesses heureuses, furent échangés avec cette adorable monotonie, cette ineffable bêtise qui est l'apanage des premières et fraîches amours.

Le père, la mère, la sœur savaient par cœur ce grand mystère qu'ils ignoraient eux-mêmes, les deux innocents ! et chacun s'épanouissait à rire du sérieux craintif avec lequel ils cachaient leur transparent secret.

Ils eurent alors quelques-unes de ces journées dont on se souvient comme d'un rêve et qui sont courtes comme une vision. Bientôt arrivèrent les confidences : Marie révéla à sa sœur — sous la foi du secret ! — ses émotions inconnues : Canfield brûla ses vaisseaux, et s'avoua courageusement amoureux au capitaine Prescott. Ce dernier resta muet, mais il chargea sa femme de répondre. Alors, en mère sage et prudente, elle examina la question de près, trouva les deux amoureux trop jeunes, et, sans rien refuser, s'arrangea de manière à ne rien promettre.

Il fut enfin convenu qu'on parlerait sérieusement du mariage dans quelques années : en attendant, on permit à Canfield d'accompagner de temps en temps le capitaine Prescott dans ses visites.

Sur ces entrefaites, une expédition guerrière éloigna pour longtemps les deux officiers : ce fut le premier chagrin des jeunes gens. Mais il leur survint une voie de consolation dont ils usèrent souvent; dans les rangs de l'armée servait avec plusieurs Peaux-Rouges un Huron qui était le héros du désert.

Oonomoo avait combattu vingt fois avec Prescott et Canfield, il était devenu leur inséparable frère d'armes : le jeune lieutenant surtout, dont il avait à peu près l'âge, lui portait une vive amitié, et était payé largement de retour.

Oonomoo devint le messager intime des deux amoureux : sans être chargé d'aucune mission il leur apportait tour à tour de grands bonheurs,... un mot... un regard... un rien : cela suffisait pour illuminer toute une journée !

Il faudrait une plume de poëte pour narrer l'héroïque histoire d'Oonomoo : il avait été à toutes les batailles du désert; tous les champs de victoire avaient retenti de son terrible cri de guerre ; sa hutte était tapissée de chevelures scalpées; son nom, aussi célèbre que redouté, était l'orgueil de ses amis, la terreur de ses ennemis.

Il suffisait de nommer Oonomoo pour agiter les peuplades voisines, de haine, de crainte, ou d'espérance.

Oonomoo était le dernier rejeton d'une ancienne et noble race; il était le dernier type chevaleresque du Guerrier Rouge, ce roi du désert américain, avant l'invasion européenne.

On supposait bien qu'il avait quelque part, dans les profondeurs inaccessibles des bois, une femme et un enfant qu'il visitait de temps en temps ; mais le lieu de cette retraite était resté inconnu malgré les recherches de ses plus rusés ennemis.

Tel était l'homme qui avait entrepris la délivrance de la jeune miss Prescott.

Maintenant que nous sommes en pleine connaissance avec les nouveaux personnages de cette histoire, nous allons reprendre le cours de notre récit.

CHAPITRE III

HURONS CONTRE SHAWNEES

Après avoir quitté Hans Vanderbum, Oonomoo se glissa sans bruit au travers des bois, jusque dans la direction d'un petit promontoire situé sur le bord de la rivière, à environ trois cents pas du lieu où il avait fait des signaux au Hollandais. Ce promontoire se prolongeait en rives boisées fort élevées au-dessus du niveau de la rivière ; le Huron y trouvait un abri sûr contre le clairvoyant espionnage des Shawnees.

Silencieux et léger comme une ombre, il passait au-dessous des feuillages avec la rapidité d'une flèche, sans laisser aucune trace derrière lui. La tête penchée en avant, l'oreille tendue, l'œil investigateur, il ne laissait pas une clairière, pas un buisson inexplorés. Dans sa main gauche se balançait sa longue carabine, pendant que sa droite reposait sur le manche en corne de son large couteau de chasse.

Bientôt il ralentit sa course : il avait déjà parcouru une distance considérable, et se trouvait dans le voisinage d'un petit abri sous lequel il

avait laissé son canot. Avant de s'en approcher, il fallait reconnaître les lieux, et s'assurer qu'ils ne recélaient aucune embuscade. En conséquence il s'arrêta : après avoir écouté longtemps dans le plus profond silence, il se mit à ramper comme une panthère, sans produire le moindre bruit.

Arrivé sous les racines creuses d'un arbre, il releva imperceptiblement la tête et sonda les alentours d'un œil perçant : son canot était tout proche, et il pouvait l'apercevoir.

Tout à coup, une flamme s'alluma dans son regard ; sa main se crispa sur sa longue carabine, sa tête parut rentrer sous terre ; il devint invisible sur le sol sombre avec lequel son corps se confondit.

Il avait senti dans l'air la présence de l'ennemi... les Shawnees étaient là! Une circonstance, qui eût échappé à tout autre, avait révélé au vigilant Indien la présence du danger.

Son canot était exactement à la place même où il l'avait laissé avant son entrevue avec Hans Vanderbum. Pas une feuille, pas un rameau n'avaient été dérangés tout alentour. Le léger esquif était bien là, demi-échoué sur le sable, arrêté par une corde de lianes entrelacées.

Sur le banc intérieur il y avait toujours la longue pagaie indienne couchée le long du platbord.

Mais, précisément, ce dernier objet avait imperceptiblement changé de place ; un de ses bouts dépassait un peu l'avant du canot. Ce n'était pas ainsi qu'Oonomoo l'avait rangé. Quelqu'un y avait donc mis la main.

Quelqu'un... c'est l'inconnu ! or, l'inconnu, au désert, c'est l'ennemi. L'ennemi... ce ne pouvait être qu'un Shawnee.

La pénétrante logique du Huron n'était point en défaut : restait à savoir en quel endroit étaient cachés ses adversaires.

Il observa et écouta pendant quelques minutes avec une attention profonde : il n'y avait personne entre lui et la rivière.

Alors son plan fut bientôt fait. Il lui aurait été

facile de s'échapper en plongeant dans la rivière : mais l'occasion se présentant de lutter de ruse avec ses ennemis, il fut bien aise de la saisir.

Rampant de façon à remonter le courant, il s'éloigna du canot, puis se glissa dans l'eau sans faire aucun bruit, sans même en rider la surface.

La rive du Miami était tellement boisée et tapissée de broussailles, qu'un nageur rasant le bord ne pouvait être vu, si ce n'est du rivage opposé.

Oonomoo pouvait donc rester parfaitement invisible et aborder son canot par-dessous. Il voulait l'attirer insensiblement à lui et le faire descendre à l'eau, comme si, peu à peu, son propre poids l'eût entraîné.

L'entreprise était longue et terriblement délicate. Le froissement d'une branche, le plus léger clapottement de l'eau pouvaient le trahir.

Mais Oonomoo aimait l'impossible. Il se mit à l'œuvre avec un silencieux sourire ; ne s'arrêtant, parfois, que pour épier l'ennemi.

Pendant ce temps, les Shawnees guettaient avec une finesse et une patience félines. Le hasard leur avait fait découvrir le canot ; au premier regard ils avaient reconnu qu'il n'appartenait point à leur peuplade ; alors, replaçant tout dans la position première, ils s'étaient embusqués çà et là, le fusil armé, prêts à surprendre leur proie sans méfiance.

Seulement, ils avaient mal replacé l'aviron. Cette inadvertance devint pour eux une source de vifs déplaisirs.

Au bout d'une demi-heure, le canot avait progressé seulement de quelques lignes vers la rivière. Ses mouvements s'étaient opérés d'une manière tellement circonspecte que les Shawnees n'avaient rien vu.

Au bout d'une autre demi-heure, l'esquif avait continué sa route et gagné du terrain. Les Shawnees, plus occupés d'écouter le bruit que ferait l'inconnu en arrivant, que de surveiller le canot, continuaient à ne rien voir. D'ailleurs le rusé Huron avait soin d'entraîner aussi les broussailles environnantes, de façon à dissimuler la marche progressive de la barque.

Au bout d'une heure et demie, le canot avait avancé d'un pied. Tout allait bien ; il n'avait plus qu'un court espace à parcourir pour être à l'eau ; le terrain, parfaitement uni, n'offrait aucun obstacle.

Tout à coup, un Shawnee s'aperçut que le bateau était en marche. Cette surprenante découverte lui arracha une exclamation gutturale qui éveilla l'attention de ses deux compagnons.

Tous trois bondirent vers le canot ; mais, aussitôt, le léger esquif avait glissé comme un éclair à plusieurs pieds de distance ; puis, s'était levé tout droit sur sa poupe et, par-dessus les buissons, s'était jeté à l'eau.

Une paire de moccasins leur apparut comme une ombre dans ce tourbillon subit ; il n'en fallait pas davantage pour expliquer le mystère.

Les Shawnees poussèrent un cri de fureur ; mais il n'était plus temps. Oonomoo, en lançant le canot à la rivière, avait eu l'adresse de le faire tomber à plat sur sa quille ; en même temps il s'était couché dans le fond, et le canot obéissant à l'impulsion première avait fui jusqu'au milieu du courant.

Les Shawnees furieux coururent sur le bord, cherchant à découvrir celui qui venait de les jouer ainsi. Ils ne purent rien voir, Oonomoo était complétement caché par les flancs de l'embarcation, au fond de laquelle il restait étendu. Seulement, il avait passé son bras par-dessus le bord opposé à ses adversaires, et, de la main, il ramait pour activer la course du bateau.

Outre le courage, le Huron possédait au plus haut degré cet instinct de prudence indienne qui ne néglige rien. Sachant que l'écorce de sa barque était beaucoup trop mince pour résister au choc d'une balle, il s'était muni d'une sorte de blindage rustique qui devait la rendre invulnérable.

Une grosse branche toute vermoulue et légère comme du liége était attachée au canot ; rangée le long du plat-bord, non-seulement elle le garantissait contre tout projectile, mais encore elle protégeait le guerrier dont elle couvrait tout le corps.

Les pieds seuls, et le bras occupé à ramer, auraient pù être atteints : aussi, de temps à autre, après avoir donné une vigoureuse impulsion, Oonomoo se rapetissait dans l'intérieur de l'esquif et cachait son bras.

Puis, lorsque l'ennemi eût fait feu, il se remit à ramer.

Les balles sifflèrent, firent voler la surface du blindage protecteur où elle restèrent enfoncées ; une seule écornifla les deux bords du bateau et, après de longs ricochets sur l'eau, alla se perdre sur la rive opposée dans les buissons.

Les Shawnees se tinrent pendant quelques secondes en observation, espérant avoir tué leur invisible adversaire.

Mais, bientôt, s'apercevant que la barque redoublait de rapidité, ils se répandirent en hurlements frénétiques et recommencèrent la fusillade.

A ce bruit accoururent d'autres guerriers ; plusieurs se lancèrent à l'eau pour poursuivre le fugitif.

Mais alors, Oonomoo se dressa hardiment, saisit sa longue pagaie et fit voler l'esquif comme une flèche.

En deux ou trois élans il atteignit la rive opposée, bondit hors du canot que, d'un coup de pied, il fit sombrer, puis, se retournant contre ses adversaires stupéfaits, il leur envoya un retentissant éclat de rire et disparut dans les profondeurs des bois.

Au coucher du soleil, l'agile Indien avait gagné un territoire éloigné de cinq ou six milles dans la direction de l'ouest.

CHAPITRE IV

CANFIELD ET CATON

Les sombres lueurs de l'incendie qu'allumèrent les Shawnees à la résidence de la famille Prescott furent aperçues d'une grande distance : pendant que les bois s'illuminaient de longues traînées fulgurantes, le ciel couronnait d'une auréole rouge le théâtre du sinistre ; dans chaque nuage qui s'empourprait au reflet de la flamme, on aurait cru voir la tête monstrueuse de quelque Esprit de l'air, dardant sur les incendiaires un œil sanglant et farouche.

Tout autour du brasier, les arbres calcinés avaient tordu leurs branches qui étaient restées dans des poses convulsives comme les bras raidis d'un agonisant. Toutes ces écorces recoquillées, ces troncs fendus jusqu'au cœur, ces pierres noircies, ces ruines couvertes de cendres, offraient un lamentable spectacle, lugubre et solennel comme celui d'une tombe. C'était l'exagération du silence et de la solitude au milieu du désert solitaire et silencieux.

Pendant que le brasier funèbre dévorait en grondant sa pâture composée de l'habitation et des habitants, plus d'un chasseur isolé, prêtant l'oreille aux crépitements de la flamme, s'arrêta tout ému pour contempler le tourbillon embrasé dont les brûlantes spirales allaient empourprer les nuages ; plus d'une bête fauve, aiguisant ses ongles sur le bord de son repaire, flaira de loin cette atmosphère étouffante et s'enfuit affolée de terreur, après avoir reconnu le feu et les Shawnees, ses ennemis mortels.

Le lieutenant Canfield avait aperçu de fort loin l'incendie, sans en soupçonner nullement la cause. Ce ne fut que que plusieurs heures après, qu'en rencontrant Oonomoo, il apprit le désastre dont ses amis avaient été frappés.

Aussitôt, il s'était mis en route pour visiter le théâtre du désastre, sans savoir ce qu'il pourrait faire, mais résolu aux dernières extrémités pour sauver celle qu'il aimait.

Son désespoir était d'autant plus violent qu'il ignorait entièrement quel avait pu être le sort de miss Prescott; Oonomoo l'avait quitté presque aussitôt, et ne l'avait pas revu depuis son expédition chez les Shawnees.

Il était environ midi lorsque Canfield arriva sur les lieux, à peine reconnaissables pour lui. Laissant son cheval dans les fourrés, il se mit à parcourir ces ruines, tête baissée, sachant à peine ce qu'il faisait.

Çà et là, le jeune lieutenant rencontrait avec un affreux serrement de cœur les cadavres rigides des nègres massacrés: ce n'était plus pour lui un champ de bataille ordinaire comme il en avait souvent visité; chaque tache de sang, chaque tête livide, chaque main crispée criait vengeance et réveillait au fond de son âme un douloureux écho.

Tressaillant jusqu'aux entrailles, il se demandait, en contemplant ces tristes trophées d'une fureur sauvage, quels tourments, quelles angoisses pires que la mort, les Indiens avaient peut-être fait subir à leur malheureuse captive.

Sa course errante le conduisit jusqu'en face d'un monticule bizarrement formé de troncs d'arbres, poutres, de pierres, de matériaux calcinés, amoncelés dans le plus grand désordre. Tout cela avait l'aspect d'une ruche grossièrement construite, et aurait pu, au besoin, servir de fort improvisé.

Évidemment cette construction avait été faite postérieurement à l'excursion des Shawnees, cette circonstance éveilla la curiosité du jeune lieutenant. Mais qui pouvait en être l'auteur? D'abord il supposa que c'était l'ouvrage d'Oonomoo... Cependant dans quel but se serait-il livré à ce travail?

L'idée vint à Canfield que les Shawnees avaient façonné cet abri; immédiatement il se tint sur ses gardes. Ce qui excita encore davantage sa méfiance, ce fut une sorte de bruit furtif qui lui parut en sortir.

Alors, par prudence, il recula de quelques pas et se jeta derrière un arbre, sondant du regard ce repaire mystérieux qui semblait recéler une créature vivante.

Tout-à-coup, un mouvement brusque se fit dans l'intérieur du monticule: Le lieutenant sentit ses cheveux se hérisser sur sa tête, et prépara ses armes.

Mais presque au même instant retentit un grondement sourd et inarticulé. Canfield respira, il ne s'agissait probablement plus que d'une bête féroce.

— Par toutes les puissances de la création! quel être, quel animal y a-t-il donc là-dedans? murmura-t-il en faisant halte.

Et il se demanda pendant quelques secondes s'il marcherait sur l'objet mystérieux pour le découvrir, ou s'il resterait en embuscade.

— Bah! se dit-il, diable, homme, ou panthère, je verrai bien ce qu'il en est!

Il s'approcha résolument: la même clameur sourde se fit entendre.

— Ces horribles Shawnees auront, pour se divertir d'une manière féroce, enfermé quelque malheureux animal dans cette prison; je vais remettre la pauvre bête en liberté.

Ce disant, il mit la main sur le tronc d'arbre le plus proche pour le tirer à lui; mais à peine y eût-il touché, qu'un fracas soudain éclata comme un coup de tonnerre, le monticule sembla faire explosion.

Canfield ne put maîtriser un brusque mouvement de retraite.

Des hurlements suivirent ce cataclysme intérieur; et, du milieu de l'édifice ébranlé, surgit un nègre éperdu de terreur.

— Oh! monsieur l'Indien! fusillez pas moi! tuez pas moi! Gracieux et bon monsieur l'Indien! blessez pas moi! Jetez pas votre tomahawk sur pauvre Caton! Caton n'a jamais blessé un Indien de sa vie! faites pas de mal! faites pas! Boo-hoo-oo-oo-oo!

À ce discours naïf et tumultueux, Canfield reconnut le nègre favori de la famille Prescott.

— Debout, Caton ! debout tête folle ! ne me reconnais-tu pas ?

— Oh ! blessez pas moi ! tuez pas pauvre Caton ! Caton n'a jamais fait mal à un bon Indien de sa vie ! Charmant, bon monsieur l'Indien ! laissez aller moi ! tout ce que vous voudrez, moi le ferai ! moi vous servirai tout le temps ! blessez pas pauvre noir Caton ! répétait le mauricaud en se prosternant de plus en plus.

— Tiens-toi debout, ou je te relève par les oreilles ! s'écria Canfield en se baissant pour arracher le nègre à son humble posture.

Mais le pauvre Caton était si effaré qu'il n'entendait rien, et ne pût même pas se soutenir sur ses jambes : il retomba et continua ses doléances.

— Enfin ! tu ne veux donc pas me reconnaître, Caton ? demanda le jeune lieutenant qui ne pût s'empêcher de sourire.

— Ciel ! bon Dieu ! n'êtes-vous pas un Indien, massa Canfield ? balbutia-t-il enfin, les genoux tremblants de terreur.

— Tu peux le voir, il me semble ; ai-je l'air d'un sauvage ?

— Ah ! bien ! je parierais que c'est vous, après tout ! reprit le nègre avec un peu plus d'assurance ; ciel ! bon Dieu ! je n'ai point peur ! ajouta-t-il en se redressant tout à coup avec fierté ; est-ce que vous croiriez que Caton a peur, massa Canfield ?

— On pourrait prouver ta couardise insigne sans trop de peine.

Le mauricaud ouvrit de grands yeux comme s'il n'eût pas compris.

— Alors, vous croyez pas moi sans peur et sans crainte ?

— Pourquoi as-tu bâti cet étrange édifice ?

— Pour moi mettre à l'abri de la pluie.

— Il n'est pas tombé une goutte d'eau depuis plusieurs jours.

— Je sais ; mais c'est pour la pluie à venir : il faut être prêt à tout ce qui peut arriver.

— Imbécile ! est-ce qu'il y a la moindre apparence d'orage dans l'air ?

— Les tempêtes sont si soudaines, massa Canfield ! je connais ça.

— Moi aussi. Mais au nom du sens commun ! que faisais-tu dans cette hutte, lorsque je suis arrivé ?

— Est-ce que j'ai grogné contre vous ?

— Sans doute ! j'ai cru un instant avoir affaire à un ours grizzly.

— Justement ! voilà où est la farce, massa Canfield : je voulais voir si vous n'étiez pas peureux, vous.

— Trêve de pasquinades ! reprit le jeune officier d'un air sérieux, dis-moi à quelle occasion tu t'es fourré dans ce réduit ?

— C'est lorsque Ils sont venus... répondit le nègre repris d'un tremblement subit, et jetant autour de lui un regard de terreur.

— Qui ?... les Shawnees, n'est-ce pas ? Dis-moi ce qui s'est passé.

— Ça n'a pas été long, Massa : Ils sont venus la nuit, bien tard, et ils ont tout brûlé à la fois.

Ce fut le cœur plein d'angoisses que le jeune lieutenant fit des questions relatives à Mary. Quoique déjà renseigné par Oonomoo sur les principaux incidents de cette catastrophe, il ne pût s'empêcher de demander à Caton tous les détails possibles.

— Vous n'avez donc eu aucun avis de cette attaque ?

— Rien : ils étaient sur nous avant même qu'on les eût entendus.

— Qu'est-ce qui s'est passé en premier lieu ? voyons ! Caton, dis-moi tout ce dont tu pourras te souvenir.

— Ciel ! bon Dieu ! Je me rappellerais cette nuit toute ma vie, quand je vivrais mille ans ! Or, voyez-vous, moi et Big Mose nous venions de nous mettre au lit, après avoir soufflé la chandelle.

— Miss Mary s'était retirée dans sa chambre ?

— Oui, il y avait déjà un bon moment. Voyez-vous, moi et Big Mose nous étions les deux noirs toujours les derniers debout, moi surtout. Je suis sorti pour faire une petite ronde et voir si tout allait droit. Bon ! moi et Mose nous avons encore fait un tour partout et vérifié toute la maison : comme nous revenions de l'écurie, sur le point de fermer la porte, voilà Mose qui me chuchotte dans l'oreille : « Caton, je crois que j'ai « vu quelqu'un rôder dans le buisson là bas. »

Moi, je ne réponds pas grand'chose parce que je soupçonnais que c'était peut-être vous... « ni- « gaud ! lui ai-je dit, vous rêvez déjà, je n'ai rien « aperçu. »

Cependant je n'étais pas trop à mon aise, par- ce que il m'avait semblé entendre quelque chose lorsque nous étions un peu plus loin, quelques instants auparavant. Alors j'ai commencé à mar- cher plus vite, et puis, je ne sais pas comment cela s'est fait, nous avons pris le galop tous deux ; une fois contre la porte nous nous sommes culbutés pour entrer plus vite, et nous l'avons tirée si fort pour la fermer qu'elle a fait un bruit de ton- nerre.

Bon ! nous montons dans notre chambre, nous soufflons la chandelle, et, après avoir fait notre prière, nous nous mettons au lit.

Nous étions tranquilles depuis un instant ; voilà Big Mose qui se tourne vers moi et me dit : « Je « vous assure, Caton, qu'il y a des Indiens autour « de la maison. J'en ai vu un... Et puis, j'ai fait, la « nuit dernière, un rêve dans lequel je les voyais « envahir la maison, tout tuer, tout ravager et brû- « ler miss Mary. » — Ciel ! bon Dieu ! massa Canfi- eld, j'ai pris la chair de poule quand je l'ai entendu parler ainsi ! les jambes m'en tremblaient, j'avais le frisson ! J'en tremble encore, rien qu'en en parlant.

Moi, cependant, je dis à Big Mose de se tenir tranquille et de dormir, parce qu'il me semblait que nous étions au lit pour ça. Il n'a pas pu res- ter en repos : « Je vous répète, Caton, a-t-il recom- « mencé à dire, qu'il y a des Indiens rôdant autour « de la maison ; en ce moment, j'entends les bruits « des genoux et des mains sur la terre. »

Enfin, il n'y a pas eu moyen de faire rester tranquille ce pauvre Big Mose : de temps en temps il disait : « Caton, levons-nous et mettons- « nous sur nos gardes, les voilà qui arrivent. Je « connais ça, je le sens dans mes os. Éveillons « miss Mary et les Nègres pour faire nos pré- « paratifs de défense : ils sont là, je vous le « dis. »

Bon ! voilà que ce diable de nègre me met en in- quiétude. J'ai beau lui répondre que je suis là pour dormir et que je ne veux pas me lever ; je me retourne dans mon lit ; plus moyen de fermer l'œil.

Au bout d'un instant, j'entends Big Mose se lever doucement et descendre du lit ; il faisait tout son possible pour éviter le bruit parce qu'il me croyait endormi. Il va comme un chat jusque sur l'escalier. Je mourais d'envie de savoir ce qu'il faisait ; je l'entendais aller et venir... « Que « faites-vous, Mose ? » — « Je fais mes prières « pour la dernière fois, car les Indiens sont par « là, bien sûr ! » Moi, je n'eus pas le courage de rien dire ; le cœur me manquait ; je me mis à réciter mes prières dans mon lit.

Cependant Big Mose marmottait et faisait des soupirs ; moi je tremblais comme une feuille ; Ciel ! bon Dieu ! voilà que, tout à coup, je vois comme une clarté au travers des volets, je re- garde... le feu était à l'écurie. En même temps des hurlements s'élèvent dans le bas de la mai- son. Big Mose pousse un cri épouvantable et se met à courir. — Pan ! pan ! pouf ! voilà des coups de fusil tout autour de nous.

Les Indiens étaient partout, brûlant, hâchant, hurlant, fusillant, massacrant les pauvres nègres à mesure qu'ils paraissaient. Alors j'ai vu miss Mary.

— L'ont-ils frappée ? demanda le jeune lieute- nant les dents serrées.

— Non ! elle n'a pas reçu une égratignure. Elle s'efforçait d'empêcher les Indiens de tuer les pauvres nègres... sans penser à elle-même.

— Mais toi, comment t'en es-tu échappé ?

— J'étais là, sans savoir que devenir, tout près de brûler ; alors je me suis jeté au hasard, ver-

Oonomoo s'assit sur le gazon près de sa femme. (Page 33.)

sonne ne m'a vu, j'ai couru me cacher dans le bois... et me voilà.

— As-tu encore revu miss Mary ?

— Oui ; les Indiens se sont bientôt retirés l'emmenant avec eux. Ils n'ont pris aucun nègre, parce qu'ils étaient tous tués : moi j'étais presque mort, mais je suis *revenu* à moi.

— Y avait-il quelqu'autre membre de la famille Prescott, dans la maison, avec miss Mary ? demanda le jeune lieutenant qui connaissait pourtant bien d'avance la réponse qu'allait faire Caton.

— Personne, Dieu merci ! mistress Prescott et miss Hélène étaient parties en visite au *Settlement*, depuis trois ou quatre jours.

— Comment se fait-il que miss Mary fût demeurée seule ?

— Ghi-y-i vous ne vous en doutez pas, hein ?! fit Caton avec une malicieuse grimace.

— Comment veux-tu que je le sache ? Puis-je le deviner ?

— Eh bien ! Oonomoo, cet Indien rouge lui avait annoncé que peut-être vous viendriez un de ces jours : elle se serait bien gardée de s'en aller. Voilà comment elle était, oui.

Le jeune homme se sentit le cœur serré à la fois de douleur et de joie en écoutant ce récit naïf qui lui retraçait si bien l'affectueuse fidélité de la jeune fille. Malgré sa consternation et son chagrin au milieu de cette catastrophe, il éprouva un triste plaisir à recueillir précieusement les paroles du nègre, et ne put résister au désir de le faire causer encore.

— Mais, dis-moi Caton, comment sais-tu qu'elle était restée pour ce motif?

— Ciel! Bon Dieu! n'ai-je pas entendu quand elle en a parlé?

— A qui? à sa mère? et que lui a-t-on répondu?

— Oh! mistress et miss Hélène ont ri un bon coup! elles ont montré toutes leurs dents blanches; mais elles n'ont pas même essayé de l'engager à venir; elles savaient bien qu'elles n'auraient rien gagné, car elle aime trop le lieutenant; yah! yah! yah!

Et Caton se mit à sauter en levant les genoux jusqu'au menton, et en riant de tout son cœur. Le jeune homme se détourna pour cacher son émotion, et demanda encore:

— M'as-tu dit à quel moment tu as fait ce beau monument qui ressemble à un œuf?

— Il me semble que oui. J'ai fabriqué cet abri le matin, après le départ des sauvages. Il fallait bien quelque chose pour couvrir ma tête.

— Rien n'a été sauvé? demanda Canfield en promenant ses regards autour de lui.

— Rien, excepté ce pauvre nègre Caton. Et que vais-je devenir à présent qu'il n'y a plus d'habitation?

— Ne t'inquiète pas de cela: tu auras toujours un asile. La famille Prescott est saine et sauve heureusement. Pendant notre vie tu ne connaîtras jamais le besoin.

— Mais, la maison a disparu, — les chevaux aussi, — les provisions aussi, — tout, excepté moi.

Canfield réfléchit pendant quelques instants et demanda ensuite:

— A quelle distance se trouve le *Settlement* où sont allées mistress Prescott et sa fille?

— A dix, cinquante ou quarante milles.

— Tu ne pourrais pas me donner une indication plus précise.

— Quelque chose entre dix, quarante ou cinquante... voilà tout ce que je peux dire.

— Y es-tu allé?

— Souvent, à cheval.

— Tu connais le chemin?

— Aussi bien que le trajet de la maison à l'écurie.

— Je voudrais bien que tu y allasses.

— Comment! seul? s'écria Caton sentant se réveiller toutes ses terreurs.

— Evidemment! ne m'as-tu pas dit que tu avais fait cette route souvent, aller et retour.

— Oui, Dieu vous bénisse! mais alors on ne parlait pas d'Indiens!

— Peut-être y en avait-il aussi bien que la nuit passée.

— Oh! par grâce! non je ne pourrai pas y aller seul! pourquoi parlez-vous de ça?

— C'est bien facile à comprendre, mon pauvre Caton. Tu vois que j'attends le retour d'Oonomoo pour ce soir, afin de partir avec lui pour me rendre au village des Shawnees où est miss Mary, et la délivrer.

— Vous! la délivrer?

— Nous l'espérons. J'avais pensé que tu pourrais aller au *Settlement* porter la nouvelle de cette triste affaire à mistress et miss Prescott, et leur dire que le Huron ainsi que moi nous allons faire l'impossible pour délivrer miss Mary. Elles peuvent avoir aperçu l'incendie, et doivent être dans une horrible anxiété, si elles soupçonnent que ce malheur est arrivé chez elles. En outre, je pense que le Huron ne voudra pas que tu nous accompagnes.

— Et pourquoi? répondit le nègre d'un air suffisant; suivant moi, Caton sait très-bien prendre soin de lui-même: c'est ce qu'il a toujours fait, pas plus tard que la nuit dernière.

— Il décidera cela à son retour: ce qu'il dira sera exécuté.

— Quand l'attendez-vous?

— Dans peu d'instants. Durant cet intervalle nous avons autre chose à faire. Saurais-tu où trouver, par ici, une bêche ou une pelle?

— C'est possible: attendez, je vais voir à la minute.

Caton courut à quelque distance, fouilla dans les décombres d'un petit corps de bâtiment, et finit par y découvrir une bêche qui avait conservé la moitié de son manche.

— Qu'allons-nous faire de ça? demanda-t-il à Canfield en la lui présentant.

— Nous allons enterrer ces malheureux corps, Caton. Il serait cruel de leur refuser une tombe alors que nous avons le loisir et la possibilité de leur en creuser une.

Le nègre avait une horreur mortelle de toucher toute créature morte; cependant il avait déjà pensé à l'opportunité d'ensevelir tous les cadavres, sans avoir le courage de s'en occuper. Il se tut, n'osant manifester sa répugnance.

— Tu sais bêcher? j'imagine! demanda Canfield.

— Oh oui! je me suis souvent servi de cette bêche. Combien faut-il faire de trous?

— Une seule fosse suffira pour les quatre morts: et cette place même est aussi bonne qu'une autre.

Le nègre commença le travail sur les indications du jeune officier. Au bout de deux heures la fosse était assez profonde pour recevoir ses hôtes glacés. Alors il fallut bien que Caton touchât les cadavres; mais ce ne fut pas sans peine qu'il s'y décida.

— Ce pauvre Big Mose! balbutia-t-il en soulevant un nègre de stature herculéenne qui était criblé de coups de tomahawk, ... il sentait venir les Indiens longtemps avant qu'ils fussent arrivés. Pauvre Mose, ajouta Caton en versant de grosses larmes, on ne le verra plus faire de ces soupers où il mangeait comme quatre, ni faire des entre-chats et des sauts périlleux en dansant au clair de lune. Pauvre garçon! il avait de fameux jarrets, et savait si bien s'en servir.

Le cadavre fut déposé avec soin dans la fosse, et les trois autres ensuite; la terre les recouvrit et la tâche funèbre fût accomplie. Pendant bien des nuits, Canfield eût devant les yeux ces corps défigurés et sanglants, lamentables victimes de la fureur sauvage.

Le soleil déclinait vers l'occident et le jeune officier commençait à avoir des accès d'impatience en ne voyant pas apparaître le Huron. Deux heures s'écoulèrent ainsi dans l'attente: enfin Caton lui dit:

— Massa Canfield, il n'y aurait rien d'étonnant à ce que l'Indien n'arrivât pas avant la nuit; ces gens là n'aiment à marcher que dans l'ombre, notre attente pourrait être longue encore. Et si d'autres Indiens viennent rôder par ici nous courrons des dangers: ce ne serait pas, je crois une mauvaise idée de nous enfoncer dans les bois, de manière à ne pas être aperçus par ces vagabonds.

Le lieutenant partagea l'avis de Caton; tous deux se retirèrent dans le fourré, cherchant un abri qui les rendît invisibles. En marchant, le nègre heurta du pied un monceau de cendres, à côté des ruines de la maison. Un coup d'œil dirigé sur le sol lui fit remarquer quelque chose de brillant. Sa surprise fut grande en apercevant une montre en or et sa chaîne que Mary Prescott portait habituellement. La chaîne avait été fondue en partie par l'ardeur des flammes; mais, chose singulière, la montre était à peine ternie, tant elle avait été bien préservée.

En la voyant, Caton se mit à rouler de gros yeux et s'écria:

— C'est ça de miss Mary! c'est ça de miss Mary!

— Elle ne l'avait certainement pas autour du cou lorsqu'elle l'a perdue; observa Canfield en se précipitant pour ramasser le bijou.

— Non, elle plaçait toujours sa montre sur une chaise à côté de son lit. Nous sommes ici sous l'ancien emplacement de sa chambre: tenez voilà encore un pied du lit.

Le nègre ne se trompait pas; dans l'espoir de sauver encore quelque épave provenant de sa bien-aimée, le jeune officier chercha partout avec ardeur; mais ses recherches, quoique prolongées fort longtemps, restèrent infructueuses. Alors prenant sur lui la petite montre avec une religieuse affection il s'éloigna suivi du nègre, et se retira dans d'épais buissons. Son cheval avait aussi été mis en lieu de sûreté: tout étant ainsi arrangé, il fit asseoir Caton à côté de lui.

— Est-ce que tu as envie de dormir, Caton? lui demanda-t-il.

— Non: Pourquoi me faites-vous cette question?

— Parce que je suis bien las, et je serais aise de dormir un peu. Ne pourrais-tu pas veiller pendant ce temps-là?

— Oui; mais que faudra-t-il faire si je vois venir quelque Indien?

— Il n'en viendra pas d'autre qu'Oonomoo, très-probablement. Dans tous les cas, tu m'éveilleras à la minute même où tu apercevras quelqu'un, de manière à ce que je sois prêt à tout événement.

Caton promit d'obéir, et se mit en faction sur le bord d'une clairière pendant que Canfield s'enveloppant dans son manteau, avec une grosse pierre plate pour oreiller, s'endormait du sommeil profond que donnent toujours la jeunesse et la lassitude.

Il dormit ainsi jusqu'après le coucher le soleil, et il ne se serait pas éveillé encore si Caton ne l'avait rudement secoué par les épaules.

— Qu'est-ce qu'il y a ? demanda-t-il en voyant l'air effaré du nègre.

— Ciel ! Bon Dieu ! *Ils* sont là !

— Qui donc ? de quoi parles-tu ?

— Les Indiens ! ils sont peut-être quarante mille dans la clairière !

Considérablement ému des paroles de son infirme allié, le lieutenant Canfield se leva et marcha vers la clairière pour examiner la chose.

— Ah! mon Dieu! soyez prudent, ou bien ils s'apercevront de votre présence ! murmurait le nègre en le suivant à quelques pas en arrière.

Arrivé aussi près de la clairière que la prudence le permettait, le jeune officier aperçut six ou huit Indiens, — probablement des Shawnees, — qui exploraient les ruines avec une profonde curiosité. Ils étaient peints en guerre et revêtus de leurs plus fantastiques costumes. Canfield jugea que le parti le plus sage était de leur laisser le champ libre; s'enfonçant alors dans le bois avec les plus grandes précautions, il demanda au nègre quand il les avait aperçus.

— Massa Canfield, répondit Caton d'une voix si basse que son interlocuteur l'entendait à peine; j'ai veillé et monté la garde pendant deux ou trois heures, mais ensuite le sommeil m'a gagné et j'ai roulé par terre. Je ne sais pas combien de temps je suis resté comme ça, mais en ouvrant les yeux j'ai aperçu ces Indiens marchant en rond, trépignant, sautant, examinant tout. Je n'ai rien eu de plus pressé que de vous avertir.

— Par où penses-tu qu'ils soient venus?

— Je ne sais pas. Ils doivent avoir passé tout près de nous; c'est probablement la même route qu'ils avaient suivie l'autre nuit.

Quoiqu'il en fût, le lieutenant était du même avis que Caton : en conséquence il se décida à battre sérieusement en retraite. Il se rendit avec mille précautions jusqu'à l'endroit où se trouvait son cheval, le détacha et l'emmena au plus profond de la forêt. Faisant ensuite un détour, il alla jusqu'à l'extrémité opposée de la clairière, où le fourré était encore plus impénétrable. Là, il se tapit avec le nègre, de façon à voir sans être vu, et à surveiller tous les mouvements des Shawnees.

Ces derniers erraient çà et là, fouillant dans les décombres, cherchant, regardant avec une curiosité puérile les fragments des meubles *demi calcinés*, et examinant les ruines comme s'ils eussent voulu leur arracher les secrets de leur existence passée.

Çà et là des clous demi arrachés apparaissaient dans la cendre, tordus comme des vers : les Indiens les ramassaient précieusement pour s'en servir plus tard en cas de besoin. Tout objet en métal était de bonne prise pour eux, ainsi que les fragments à peu près intacts d'ustensiles de ménage ou d'agriculture. Ce qui gênait un peu leurs explorations, c'étaient les monceaux de cendres et de charbons encore fumants, qui répandaient une chaleur ardente.

— Yah! yah! ce garçon là va faire quelque chose de fameux! dit Caton avec un rire silencieux, en voyant un indien tirer à lui une longue planche qui paraissait fort lui convenir.

Le Shawnee, après l'avoir balancée un instant en l'air, la chargea sur son épaule et s'en alla rapidement. Mais à peine eut-il fait quelques pas qu'il sauta en l'air avec un cri de douleur, lança au loin son fardeau, et se frotta l'épaule avec colère.

— Yah! yah! je m'en doutais, continua Caton toujours riant plus fort; tout le dessous de la planche était brûlant, ça lui a chatouillé l'épiderme.

Les autres Indiens continuèrent de danser et d'explorer les mines sans faire la moindre attention à leur camarade : celui-ci, de son côté, par orgueil, ne voulut pas laisser échapper un signe de souffrance, et s'efforça de paraître plus gai et plus dispos que jamais.

Cependant, leurs évolutions autour du brasier demi-éteint ne furent pas exemptes de quelques autres petits désagréments : tantôt un danseur se piquait en marchant sur un clou rougi ou sur un charbon qui brûlait son moccasin ; tantôt un rôdeur laissait la peau du bout de ses doigts à quelque morceau de fer dont il n'avait pas soupçonné la chaleur perfide. D'autres s'asseyaient sur des débris de charpente et bondissaient soudain, poursuivis par les flammes qui envahissaient leurs vêtements. Plusieurs enfonçant leurs pieds dans les cendres se trouvaient fort pressés d'en sortir, et exécutaient leur retraite avec des contorsions si bizarres que le lieutenant Canfield et Caton ne pouvaient s'empêcher d'en rire.

Caton surtout, se tordait, étouffant à grand'peine l'expansion de son hilarité qu'il aurait été fort dangereux de laisser entendre.

Tout à coup il cessa de rire, et crispa avec inquiétude sa main sur l'épaule de Canfield.

— Regardez là! regardez! les voyez-vous? murmura-t-il à son oreille.

— Je ne vois rien d'inquiétant.

— Regardez donc là, dans la clairière ; ces indiens qui examinent quelque chose !

Canfield s'aperçut enfin d'une circonstance inquiétante : les huit indiens avaient tout quitté pour suivre les traces des deux fugitifs, qui malheureusement étaient fort apparentes sur la lisière du bois : là, ils se concertaient et examinaient déjà les alentours avec des yeux soupçonneux. S'ils eussent été moins occupés de leurs recherches, ils auraient bien plutôt commencé à se mettre en chasse pour découvrir les deux voyageurs.

Canfield se vit perdu avec le pauvre Caton ; encore quelques minutes et la meute sauvage était à ses trousses.

— Que faire, Caton? murmura-t-il ; heureusement il va faire nuit, ils ne pourront pas nous suivre facilement.

— Il faut sauter sur le cheval et le lancer au galop, répondit le nègre terrifié.

— Non, cela ne vaut rien : une balle ou une flèche seraient plus rapides que nous. Gagnons le fourré

en rampant. Hop ! — Ah ! qu'est-ce encore?...

Un coup de feu venait de cingler l'air ; les Shawnees, avec une sourde exclamation, firent volte face et coururent agilement dans la direction de la détonation.

Bientôt ils eurent disparu, laissant la bonne voie pour suivre une fausse piste. Canfield et Caton restèrent néanmoins dans leur abri, attendant quelle serait l'issue de cette diversion mystérieuse et inattendue.

Peu de temps après Oonomoo les rejoignit et leur expliqua tout. C'était lui qui avait tiré le coup de carabine : arrivé quelques heures auparavant, il avait aperçu de loin les Shawnees et s'était douté des risques que leur présence pouvait faire courir à Canfield. Pour faire prendre le change aux ennemis, il avait déchargé sur eux sa carabine, et s'était enfui avec une maladresse affectée. Le stratagème avait pleinement réussi comme on l'a vu.

Oonomoo n'avait pas eu de peine à déjouer les poursuites des Shawnees, et lorsqu'il les avait vus pleinement égarés à une grande distance dans les bois, il était revenu auprès de Canfield.

CHAPITRE V

LA CASE DU HURON

Nous demandons au lecteur la permission de faire une courte digression, et de l'introduire pendant quelques instants dans l'intimité d'Oonomoo.

Après après avoir échappé triomphalement aux Shawnees sur les bords de la rivière Miami, le Huron avait gagné d'un pas rapide les rives d'un *Creek* (ruisseau-torrent) qui serpentait au milieu d'une région inaccessible, la plus sauvage et la plus désolée de l'Ohio.

L'ensemble de ce territoire offrait l'aspect d'un immense marécage entrecoupé de langues de terre gazonnées ou buissonneuses, et sillonné par le cours capricieux du *Creek*.

Dans ce désert froid et muet, la nature semblait inanimée ; — partout l'immobilité profonde, le silence glacial qui règne sur les solitudes. L'œil n'apercevait rien, si ce n'est les longs reflets de l'eau brillante ; les arbres, les joncs, les roseaux gigantesques formant un fouillis étrange ; les touffes flottantes de grands gazons qui allaient lentement à la dérive, au gré d'un vent que l'oreille ne pouvait entendre.

Parfois une traînée étincelante sillonnait les mousses verdâtres et faisait rider la face argentée de l'eau profonde ; c'était le colossal serpent aquatique s'enfonçant dans son élément. Plus loin quelque grand oiseau apparaissait grave et lourd, se frayant un passage au travers des longues herbes ; et plongeait comme une flèche, au moindre murmure.

C'était une route demi-aérienne qu'il fallait suivre, pour traverser cette plaine où l'eau et la terre se disputaient l'espace. L'agile indien bondissait légèrement d'une motte de terre à l'autre ; tantôt s'appuyant sur un tronc d'arbre renversé, tantôt sur un long roseau. Souvent son pied rencontrait des bois flottants et ramollis par l'eau sur lesquels il fallait glisser sous peine d'enfoncer. Jamais il n'hésitait un instant, jamais il ne ralentissait son élan ; à peine ses moccassins laissaient une légère empreinte sur le limon fangeux où tout autre se serait englouti.

Sur son passage il renversa un tronc d'arbre creux duquel s'échappa un bruit étrange: en même temps un énorme serpent à sonnettes sortit de la cavité et s'élança vers lui, en agitant sa queue avec ce fracas sinistre auquel les reptiles de cette espèce doivent leur nom.

Le Huron s'arrêta, passa son *rifle* (carabine) de la main gauche dans la droite ; l'enleva par le canon, la crosse en l'air. La gueule caverneuse du monstre lui présentait sa double rangée de crocs venimeux, au milieu desquels s'agitait sa langue mince et rouge comme un filet de sang. Les yeux de l'animal pétillèrent, il se redressa gonflant son cou souple et aplati, faisant briller les écailles blanches de son ventre.

Oonomoo s'approcha lentement, la crosse levée: quand il fut à un demi pas de distance et qu'il vit le monstre prêt à s'élancer, il abattit son arme avec une force et une rapidité foudroyantes. Un craquement sec comme l'éclat d'une capsule fulminante répondit au coup: la tête du serpent, détachée du tronc, vola à vingt pieds dans le marais, rebondit sur une branche d'arbre et s'enfonça dans l'eau. Le corps décapité de l'animal se noua et dénoua sur le sol, dans les convulsions d'une effrayante agonie, puis s'enroula autour du tronc caverneux. Oonomoo le poussa du pied, et le vit s'enfoncer dans les profondeurs de l'eau transparente, où le redoutable cadavre continuait d'agiter ses anneaux écailleux et sanglants.

Avec un sang froid imperturbable, le Huron continua sa route sans se préoccuper le moins du monde de cet incident.

Ses yeux noirs et investigateurs rencontraient à perte de vue le même passage marécageux et sauvage ; partout la nappe humide brillait comme un miroir au travers de la végétation désordonnée qui est un des luxes de la nature. Suspendues d'un arbre à l'autre comme des ponts aériens, des lianes follement entrelacées enguirlandaient vingt bosquets tout hérissés de fleurs bizarres, aux senteurs âcres et mordantes. Ici, reposaient moitié sur l'eau, moitié sur terre, des arbres aux longues branches tordues lamentablement comme les bras de quelque géant luttant contre l'abîme ; là, se dressaient des myriades de roseaux semblables à une armée de lances verdoyantes ornées de panaches blancs ; partout l'eau glacée, unie, transparente comme l'air, au fond de laquelle le regard découvrait le grain de sable, l'insecte, le brin de mousse à des profondeurs effrayantes.

Ce désert était un nouveau monde... le Monde des eaux! plein de terreurs, de pièges mortels, des monstres inconnus.

Oonomoo poursuivit sa course rapide, environ l'espace d'un demi-mille dans ce désert aquatique, et arriva ainsi dans les limites de ce marécage. Plus loin apparaissait un territoire entièrement semblable, séparé du premier par une langue de terre que couvrait un impénétrable rideau d'arbres.

Derrière cet abri de verdure s'ouvrait une perspective immense, dont le premier plan était formé par un lac aux rives découvertes.

L'Indien avança jusque-là et sonda l'espace dans toutes les directions : pas un être vivant n'apparaissait dans l'air, sur la terre ou sur l'eau. Satisfait de ce premier examen, il cacha son fusil dans le creux de l'arbre, s'approcha du bord en rampant, et se glissant dans l'eau sans bruit, plongea jusqu'au fond.

Quand il reparut à la surface, il ramenait avec lui un petit canot d'écorce : sans s'arrêter, il nagea jusqu'à un arbre incliné sur le lac, s'y cramponna avec l'agilité d'un écureuil ; ensuite il vida l'eau qui remplissait le léger esquif, retira de l'intérieur un aviron qui y était caché, et s'installa sur un petit siège de rameur.

Alors il lança son embarcation comme une flèche, traversa le lac et arriva ainsi au second marais.

Après avoir parcouru avec la souple agilité d'une anguille tous les détours suivis par l'eau capricieuse entre les arbres, durant l'espace de cent pas, il se leva debout dans le canot et regarda de toutes parts. Une expression de déplaisir se peignit sur son visage ; il semblait mécontent de n'avoir pas découvert l'objet de ses recherches.

Approchant ses doigts de ses lèvres, il fit sortir un sifflement doux et tremblant entièrement semblable au cri de Bihoreau, espèce de héron fort commune dans les marais de l'Amérique.

Un moment après un cri de même nature lui répondit faible et lointain. Les fines oreilles du Huron l'entendirent parfaitement : il se rassit et croisa les bras dans l'attitude d'une patiente attente.

Au bout d'environ cinq minutes, le bruit d'une rame se fit entendre, bientôt apparut un petit canot qui vint doucement aborder celui de l'Indien. Dans cette nouvelle embarcation était un jeune Huron âgé d'à peu près douze ans qui s'empressa de saluer Oonomoo.

— Niniotan, mon fils, est en retard, lui dit son père sévèrement.

— J'ai chassé un daim ce matin, et me suis laissé entraîner dans les bois plus loin que je ne voulais, répondit l'enfant avec humilité.

— Les Moraves ont-ils donné deux langues à Niniotan, pour qu'il croie qu'Oonomoo dit des paroles inutiles.

— Niniotan ne pense pas ainsi, répliqua le fils d'une voix douce et soumise.

— Oonomoo avait dit que lorsque le soleil serait sur la cime des arbres, il attendrait son fils Niniotan. Il a attendu, mais Niniotan n'était pas là.

L'enfant baissa la tête, sans trouver aucune réponse à cette remontrance. Le père s'assit dans le canot du fils, et ce dernier le conduisit rapidement au travers du marais jusqu'à environ un quart de mille : là ils abordèrent une langue de terre, et après avoir caché leur canot dans les joncs, ils s'enfoncèrent dans les buissons touffus qui bordaient le rivage.

Ce territoire nouveau différait totalement des plaines humides qu'Oonomoo venait de traverser. Des pelouses vertes et luxuriantes, des bosquets impénétrables d'arbres gigantesques, d'interminables guirlandes de ronces entrelacées encombraient le sol avec un luxe de végétation indescriptible. Niniotan n'hésitait jamais, et trouvait hardiment son chemin dans ce fouillis de branches, d'épines, de troncs enchevêtrés : un lapin aurait eu peine à égaler la souplesse agile et silencieuse avec laquelle les deux Indiens parcouraient les sinuosités de ce dédale sauvage.

Enfin ils arrivèrent à une éminence de terre émaillée de gazons et de fleurs brillantes : d'énormes buissons l'entouraient d'un si épais rideau que pour la découvrir il fallait y être dessus ; tous les Shawnees de la contrée auraient pu venir rôder dans ces parages sans soupçonner même l'existence de cette profonde retraite, encore moins en soupçonner la destination.

C'était la maison d'Oonomoo, sa case chérie où vivaient sa femme Flwellina et son fils Niniotan. Là le guerrier Huron venait souvent goûter les douceurs de la famille, se reposer des fatigues de la chasse et de la guerre, se réjouir avec tout ce qu'il aimait au monde.

Aucune âme vivante ne connaissait le secret de leur retraite ignorée ; qui aurait pu se douter qu'au milieu des horreurs de ces vastes marécages existait un petit Éden où tout était repos, joie et sourires.

Ce territoire unique peut-être dans toute la

région de l'Ohio abondait en eaux vives, claires comme du cristal, peuplées de poissons superbes. C'était aussi un refuge assuré pour le gibier qui y affluait de toutes parts fuyant d'autres contrées sillonnées par les chasseurs.

Cette éminence était entièrement creuse ; l'intérieur était somptueusement tapissé de peaux et de fourrures ; on y trouvait réunies toutes les superfluités du confort le plus fantaisiste que la femme d'un chef pût désirer.

Toutes les parois de ce logement extraordinaire étaient ornées de rifles, de pistolets, de tableaux et d'autres produits artistiques de la vie civilisée, donnés à Oonomoo par ses nombreux amis de race blanche.

Parmi ces ornements qui avaient une valeur réelle, le plus remarquable c'était une superbe montre en or, cadeau magnifique d'une riche lady à laquelle Oonomoo avait sauvé la vie. Cette voyageuse ayant appris que le Huron avait une jeune femme la lui avait offerte pour elle. Du reste, ce bijou dont l'emploi était parfaitement apprécié, était entretenu avec une remarquable intelligence et des soins minutieux.

Flwellina était de race huronne aussi ; elle avait été élevée dans la religion chrétienne par les missionnaires Moraves d'une station de l'ouest. C'était une douce créature, aux yeux de colombe, plus jeune que son mari, devant lequel elle était en admiration au point de lui sacrifier sa vie en toute circonstance.

Ils avaient eu un autre enfant, né deux ans avant Niniotan, mort depuis six ans, et auquel les eaux limpides du lac avaient servi de tombe.

Chaque mois, Flwellina accompagnée de son fils rendait visite au vieux missionnaire Morave qui habitait la station de Gnadenhutten : cette localité avait été, en 1782, le théâtre d'un des plus sombres épisodes de la guerre Américaine. Ce fut là que l'infâme colonel Williamson fit massacrer plus de cent Indiens Moraves : — crime dont il fut cruellement puni plus tard.

Le vieillard qui avait dirigé la jeunesse de Flwellina était le seul être qui connut son mariage avec le célèbre chef Huron ; il leur garda fidèlement le secret jusqu'à sa mort.

La jeune femme avait, autant que possible, entraîné son mari à visiter avec elle le vénérable missionnaire, désireuse de lui voir apprendre les vérités chrétiennes et de le maintenir dans la bonne voie.

En effet, Oonomoo avait fait plier son orgueil héréditaire de guerrier devant les saints enseignements de l'Évangile, il en avait adopté tous les préceptes, hormis un seul, l'amour du prochain, quand ce prochain était un ennemi. On n'avait jamais pu lui persuader d'être indifférent en présence d'un Shawnee, le fils détesté d'une tribu qui avait anéanti la famille d'Oonomoo, et avait dispersé au vent les cendres du Wigwam où il était né.

Aussi l'intérieur de sa case était-il tout enguirlandé d'innombrables chevelures scalpées sur les guerriers de cette peuplade : mais au moins on pouvait lui rendre cette justice qu'il n'avait jamais scalpé un Blanc ; il en était venu, même, à promettre de ne toucher à la chevelure d'aucun autre Indien ; mais, pour les Shawnees, il n'avait jamais voulu entendre raison.

Il faut dire encore que, peu à peu, sous l'influence de la douceur angélique de sa chère Flwellina, Oonomoo avait été insensiblement amené à des mœurs plus douces : il en était arrivé à ce point d'éviter toute agression vis à vis même des Shawnees, de telle sorte que, depuis longtemps, il n'avait guère bataillé avec eux ; mais ce n'avait pas été sans tentations.

Au moment où Oonomoo mit le pied sur le seuil de la hutte, un cri de joie se fit entendre à l'intérieur, et Flwellina se jeta toute joyeuse dans ses bras.

A juger l'Indien par son impassibilité lorsqu'il est en public, on pourrait le croire dépourvu de tout sentiment ; c'est une erreur ; lorsqu'il se sent libre et seul dans l'intimité de la famille, il se dépouille de ce stoïcisme orgueilleux qu'il considère au dehors comme une vertu guerrière; L'homme seul reste dans le Wigwam, c'est-à-dire l'époux avec les plus délicates tendresses, le père avec les plus attentives bontés. Il sourit à sa femme, lui parle un langage caressant ; il prend et berce les enfants sur ses genoux, joue avec eux sur le gazon ; il partage avec joie tous les

Les deux armes se levèrent à la fois pour frapper. (Page 42.)

petits soins du ménage; il est bon, affectueux, ce n'est plus un guerrier, il a déposé le masque.

Flwellina, radieuse de bonheur, prit les deux mains de son mari dans les siennes, l'entraîna vers un petit banc de rocher gazonné, et s'assit à côté de lui.

Cet heureux couple était bien assorti de toute manière. Chacun des deux époux offrait le type accompli de la beauté humaine dans toute sa perfection : Flwellina avait vingt-cinq ans; Oonomoo trente; la force et la santé rayonnaient sur leurs visages nobles et intelligents.

Sur la large poitrine du Huron apparaissaient de nombreuses cicatrices, indices certains de sa bravoure, car il avait toujours fait glorieusement face à l'ennemi, jamais il n'avait reçu une blessure par derrière. Sa figure, ordinairement sévère et solennelle, s'était adoucie; l'éclat métallique de ses yeux noirs s'était changé en un rayon tendre et caressant.

Les beaux bras potelés de Flwellina étaient nus jusqu'à l'épaule; Oonomoo en prit un dans ses robustes mains et avec des manières enfantines s'amusa à compter les veines à peine visibles qui couraient sous la peau colorée et douce comme du velours.

Après être resté quelques moments en silence, Oonomoo s'assit sur le gazon aux pieds de sa femme et appuya sa tête sur ses genoux. Alors la jeune Indienne plongea follement ses petites mains dans la noire chevelure du guerrier, la groupa en longues touffes, la lissa après l'avoir relevée sur le front, accordant çà et là quelques petits soufflets d'amitié aux joues brunies du guerrier.

Au bout de quelques instants il s'endormit, et l'heureuse jeune femme resta immobile, retenant son souffle, soutenant sa tête, le couvant de l'œil comme une mère veille auprès de son premier-né.

Mais bientôt il se réveilla, se leva, et se rassit à côté d'elle.

— Où est Niniotan? demanda-t-il en regardant autour de lui.

3

— Il s'occupe d'apprêter pour le repas un daim qu'il a tué ce matin : faut-il l'appeler?

— Non ; je ne suis point las d'être seul avec ma Flwellina.

Elle ne répondit qu'en appuyant sa joue sur l'épaule de son mari.

— Oonomoo n'a pas de blessures? demanda-t-elle en examinant sa poitrine et ses épaules.

— Mais pourtant il a couru des dangers, répliqua Oonomoo.

— Il n'y a pas de chevelures suspendues à sa ceinture?

— Non... il n'en aura jamais plus.

— Pas même une chevelure de Shawnee?

— Non ! répliqua le Huron d'une voix solennelle.

Flwellina regarda attentivement son mari ; puis remarquant l'expression ferme et résolue peinte sur son visage, elle leva avec joie les yeux au ciel en s'écriant :

— Oh! Grand-Esprit ! je te remercie!

Et un angélique sourire récompensa amplement Oonomoo de sa bonne résolution.

— Quand Flwellina a-t-elle vu le missionnaire Morave? demanda Oonomoo, après un court silence.

— Il y a peu de temps ; il a demandé des nouvelles d'Oonomoo.

— Oonomoo lui rendra bientôt visite aussi

— Pourrait-il y aller aujourd'hui avec Flwellina.

— Quand le soleil sera là-bas, dit le Huron en indiquant du doigt un point de l'horizon, il doit partir ; et lorsque le soleil sera derrière les collines de l'ouest, il sera à plusieurs milles d'ici.

— A quel moment reviendra-t-il?

— Oonomoo ne peut le dire. Il va secourir un homme blanc et une jeune fille qui est aux mains des Shawnees.

— Flwellina attendra en priant pour Oonomoo et pour ses amis.

— La pensée de Flwellina soutiendra son époux, elle rendra son bras invincible, il ne craindra aucun ennemi.

— Niniotan deviendra comme son père, un vaillant guerrier qui, je l'espère, ne scalpera jamais son ennemi.

— Le missionnaire que pense-t-il de Niniotan?

— Il pense que le sang d'Oonomoo coule vigoureusement dans ses veines. Les yeux de l'enfant étincellent, sa poitrine se gonfle lorsqu'il entend le récit des grandes actions de son père ; il brûle du désir de l'accompagner sur le sentier de guerre.

— Bientôt Niniotan suivra le Guerrier. Il fera feu de sa carabine, ses pieds seront comme ceux du daim. Il deviendra un homme, et son nom seul fera trembler les Shawnees jusque dans leurs huttes.

— Sera-t-il bon et miséricordieux dans la guerre? demanda Flwellina en regardant fixement son mari.

— Il sera comme son père ; il ne tuera les hommes que dans le combat, aucune chevelure ne servira d'ornement à son wigwam. Qu'il continue à s'abreuver des paroles du missionnaire Morave.

— Il écoute ses enseignements : son cœur est jeune et ardent ; il veut être vaillant... mais pourra-t-il suivre de loin les traces glorieuses de son père ?

— Ses efforts réussiront : qu'il cherche à imiter non pas ce que Oonomoo *faisait*, mais ce qu'il *fera*.

— Souvent (et je m'en afflige) il compte les *Scalps* suspendus dans notre hutte, il s'étonne de ne pas en voir s'augmenter le nombre. Il s'arrête longuement à contempler les chevelures des deux chefs que son père a tués il y a quelques années, et le désir de conquérir un trophée semblable le dévore.

— Flwellina a-t-elle toujours pour se nourrir le gibier le plus délicat de nos forêts? demanda Oonomoo en détournant la conversation.

— Oui : l'œil de Niniotan est sûr ; sa mère ne manque de rien.

— Il ne faut pas qu'il s'éloigne de l'île ; les jeunes bras seraient trop faibles contre les Shawnees ou les Miamis. Ils reconnaîtraient le fils d'Oonomoo, et le coup qui atteindrait l'enfant tuerait aussi le père et la mère.

— Flwellina n'a que trois amours,—Oonomoo, Niniotan et le Grand-Esprit qui est si bon pour elle !

— Oonomoo l'aime aussi, répondit le Huron d'une voix douce et grave : dans les régions des chasses heureuses , au-dessus du soleil, lui, Flwellina et Niniotan vivront ensemble, au milieu d'une île verdoyante, couverte de forêts, où le buffle et le daim erreront par milliers.

— Et où Delaware, Mingo, Chippewa, Miami, Ottawa, Postawatomie, Shawnee, Huron, Homme blanc, seront frères... toute guerre aura cessé entr'eux.

Le Huron ne répondit pas; les paroles de sa femme suivaient un ordre d'idées qui dépassait son imagination. La pensée de voir vivre amis et ensemble des peuples ennemis depuis la création du monde ; la pensée de voir admises dans les terres heureuses tant de créatures qu'il détestait ou méprisait, ne pouvait entrer dans son esprit.

Flwellina devina ce qui se passait dans son âme, elle ajouta vivement :

— Les *bons* seulement vivront là ensemble ; le *bon* Delaware, Mingo, Chippewa, Miami, Ottawa, Postawatomie, Shawnee , Huron et Homme blanc.

Cette rectification convertit Oonomoo à l'avis de femme ; il fit un signe d'assentiment, et resta quelque temps en silence pour classer dans sa tête ces idées nouvelles et difficiles : ensuite il dit d'une voix douce :

— Flwellina va lire à Oonomoo le Bon Livre.

La jeune femme tira de son sein un livre de prières qu'elle portait toujours sur elle, l'ouvrit au hasard et se mit à lire d'une voix nette et harmonieuse, un passage de l'Apocalypse qui se présentait sous ses yeux.

La divine poésie descendue du ciel pour inspirer le saint prophète alors qu'il écrivait son immortelle vision, pénétra jusqu'au cœur simple et naïf de l'Enfant du Désert : longtemps après

que sa femme eût terminé sa lecture, Oonomoo resta rêveur et absorbé dans cette harmonie surhumaine qui avait exalté son âme.

Tout-à-coup il releva la tête et dit :

— Le soleil s'incline vers le ciel couchant, Oonomoo doit partir.

Flwellina ne songea même pas à retenir son mari ; la femme d'un guerrier ne doit pas avoir de volonté. Elle se leva et vint à ses côtés pendant qu'il appelait son fils.

L'enfant arriva, bondissant comme un jeune daim ; il obéissait avec empressement au moindre signe de son père. Voyant que ce dernier se préparait au départ, il implora sa mère des yeux, jusqu'à ce qu'elle lui eût donné permission d'accompagner le cher voyageur.

Puis , sautant tête baissée dans les buissons, il précéda joyeusement Oonomoo.

Arrivé au canot, Oonomoo s'y installa et laissa Niniotan pagayer seul : bientôt ils eurent atteint l'endroit où avait eu lieu leur premier rendez-vous. Là Oonomoo se sépara de son fils ; mais au moment de s'éloigner il lui dit :

— Que Niniotan attende le retour d'Oonomoo, alors il marchera avec lui sur le sentier de guerre.

La joie de l'enfant ne saurait se décrire : ses yeux noirs lancèrent des éclairs ; un sang généreux colora ses joues brunies ; d'un bond il s'élança en pleine eau, emmenant avec la rapidité d'une flèche le léger canot qui tremblait sous l'aviron.

Oonomoo ne jeta même pas un regard en arrière; il redevenait le guerrier vigilant et sévère.

Après avoir retiré son embarcation des arbres où il l'avait cachée, il reprit sa silencieuse navigation sur le lac marécageux. Puis, lorsqu'il eut atteint la rive, il la plongea sous l'eau suivant son habitude, et se mit en marche au travers des gazons flottants, des arbres demi-submergés, des roseaux touffus qui couvraient le dangereux territoire déjà parcouru par lui.

Une fois sur la terre ferme, dans les grands bois qui bordent le Miami, le Huron prit une allure rapide comparable au trot d'un agile coureur, et en quelques heures il eut atteint la clairière où l'attendait Canfield.

Ce fut alors qu'apercevant les Shawnees il soupçonna immédiatement le danger que courait son ami blanc, et détourna de lui l'attention des Indiens, par la ruse que nous avons fait connaître.

VI

AVENTURES DE ROUTE

— Vous nous avez sauvé la vie! s'écria le lieutenant Canfield lorsque le Huron s'approcha de lui.

— N'êtes-vous pas blessés? partons-nous maintenant? demanda le Huron sans avoir l'air d'entendre cette exclamation.

— Non! nous sommes tous deux sains et saufs.

— Je pense qu'une balle m'a frappé sur le sommet de la tête, observa Caton en retirant son chapeau et palpant sa chevelure laineuse.

— Une balle! tu as été atteint? et comment cela a-t-il pu arriver? demanda le lieutenant au comble de la surprise.

— Quand le fusil a fait feu, tout-à-l'heure, quelque chose a sifflé à mon oreille, j'en ai senti le vent.

— Imbécile! tu n'as pas la moindre égratignure. Mais, dites-moi Oonomoo, reprit le jeune homme d'un ton sérieux, vous m'avez sauvé la vie, touchez là, je ne serai content que lorsque je vous aurai donné une bonne poignée de main.

Le Huron tendit sa main, mais sans empressement, à l'étreinte chaleureuse du jeune homme;

évidemment ces remerciements réitérés le contrariaient. Il ne dit pas un mot, jusqu'à ce que le jubilant Caton se fût mis de la partie avec des gambades excentriques.

— N'y faites donc pas attention! murmura Oonomoo; ce n'est rien, ça! rien!

— Ciel! Bon Dieu! s'écria le nègre; il appelle ça rien! Si vous n'étiez pas venu, comme vous l'avez fait, à point nommé, j'aurais été rudement pourchassé par les Indiens, sans avoir aucun secours de personne, et quelles blessures j'aurais reçues!

— La tête dure de Caton ne peut pas être blessée, répondit le Huron en passant sa main sur l'exubérante chevelure du nègre plus élastique qu'un coussin; — ça aurait fait un gentil scalp pour un Shawnee, continua-t-il en relevant les mèches crépues et ébouriffées de Caton.

— Dieu me bénisse! j'espère bien que mes cheveux ne me quitteront jamais pour pareille chose! je ne les destine pas à ça!

Cependant la nuit était venue, et, au grand plaisir de Canfield, la lune, dégagée des sombres nuages qui jusque-là avaient obscurci le ciel, commençait à remplacer le jour, en illuminant les bois et la plaine de ses blancs rayons. Dans l'azur profond, au travers des étoiles, flottaient encore quelques vapeurs transparentes qu'emportait le vent capricieux : tout était calme et silencieux dans l'air et dans la forêt.

— Quand irons-nous au village des Shawnees? demanda le Lieutenant.

— Tout de suite, répliqua le Huron.

— Eh bien! qu'attendons-nous? partons!

— Caton vient-il avec nous?

— J'y pensais justement, Oonomoo; si vous regardez comme imprudent de le mener, il restera ici.

— J'espère bien que vous n'allez pas me laisser ici tout seul! observa Caton effaré.

— Connaissez-vous le chemin du Settlement? demanda le Huron.

— Non! Non! c'est-à-dire que je l'ai oublié dans ma frayeur, j'ai une si pauvre mémoire!

ajouta Caton en songeant qu'un instant auparavant il avait déclaré bien savoir cette route.

— Vous chercherez et le trouverez; partez! il ne faut pas que vous nous suiviez.

— Oh! malheur! ne me laissez pas parmi les Indiens! ils me mangeront d'une seule bouchée!! sanglota le nègre au désespoir.

— Laisse-nous tranquille et tais-toi! interrompit Canfield qui venait de surprendre un éclair de colère dans les yeux d'Oonomoo; tu vas irriter notre ami rouge, lui seul commande ici, en ce moment.

— Mais, j'ai trop peur dans ces bois noirs, hurla Caton avec des beuglements d'effroi; ils sont pleins de Shawnees!!

— Tu suivras là une route encore moins dangereuse que la nôtre; il est presque certain que nous allons nous rencontrer face à face avec l'ennemi, tandis que, si tu es prudent, tu échapperas inaperçu. Va donc, mon pauvre Caton, dis à madame Prescott et à miss Hélène les espérances que nous avons, mais n'exagère rien : dis-leur d'avoir bon courage, et annonce-leur que, sous peu, elles auront de mes nouvelles ou de celles d'Oonomoo.

Ce petit speech du Lieutenant produisit l'effet désiré : le nègre se voyant contraint d'opter entre deux périls, choisit naturellement le moindre :

— Tout bien considéré, bredouilla-t-il, il est plus convenable que j'aille au Settlement porter des nouvelles à nos gens. Ce n'est pas la frayeur qui me fait agir, mais bien l'avis du Lieutenant.

En conséquence il se mit en route, non sans de terribles frayeurs; nos deux amis le suivirent des yeux, trébuchant dans les broussailles, jusqu'à ce qu'il eût disparu dans la profondeur de la forêt.

Alors le Huron donna le signal du départ; prenant la direction du nord, il prit une allure si rapide que le jeune officier fut obligé de courir par instants pour lui tenir pied. Ils marchèrent ainsi pendant près d'une heure : tout-à-coup le Huron s'arrêta.

— Aller vite, ça fait souffler vite, dit-il, les yeux brillants.

— J'aime mieux toujour courir, Oonomoo, plutôt que de nous arrêter. Hâtons-nous toujours.

— Il y a le temps; arriver au matin ce sera assez tôt.

— A quelle distance sommes-nous du village des Shawnees?

— A deux-huit-douze milles, en canot.

— Et comment réussirons-nous à la délivrer... à l'arracher à ces chiens de Shawnees? demanda le jeune homme dévoré d'inquiétude.

— Je ne sais pas : peut-être nous ne pourrons pas l'emmener avec nous.

— Ne pas l'emmener!! répéta Canfield avec un affreux battement de cœur; mon Dieu! Oonomoo, pourquoi dites-vous cela?

— Parce que c'est vrai : peut-être oui, peut-être non; les portes des Shawnees seront fermées; ils pensent qu'Oonomoo est par là.

— Mais enfin, n'espérez-vous pas la sauver? n'espérez-vous pas?

— Eh! oui, j'espère : je ferai tout mon possible, certainement; mais il faut être prêt à tout, même à sa mort.

— Hélas! je m'attends à tous les malheurs; mais je place en vous une grande espérance, Oonomoo!

— Espérez en Lui; il fera plus que nous.

A ces mots le Huron éleva solennellement sa main vers le ciel, et le montra à Canfield.

Canfield fut frappé de l'accent profond avec lequel le guerrier Indien exprimait sa confiance en la bonté céleste.

— Vous avez raison Oonomoo, répondit-il humblement; Dieu seul est notre maître; le sort de toute créature est entre ses mains puissantes; je mets mon espoir en Lui : néanmoins, je vous le répète, après Dieu vous êtes mon unique espérance.

— Bien! allons vite maintenant.

Les deux voyageurs se remirent en marche, mais avec une allure moins précipitée. Le matin approchait; la lune inclinait vers les montagnes du couchant; sa lumière paraissait plus vive encore que pendant le reste de la nuit; elle éclairait si parfaitement qu'on aurait pu lire.

Pour la réalisation de leur plan hardi, cette nuit aussi lumineuse que le jour, avait des avantages et des inconvénients, car si elle leur permettait de voir parfaitement autour d'eux, elle les exposait aussi à être vus.

Le Huron modérait si bien le bruit de ses pas, qu'on eût dit un fantôme en marche : Canfield l'imitait de son mieux. Bientôt il ralentit le pas ; d'après ses calculs le village Shawnee était proche, et pour accomplir ses desseins il fallait que le jour fût venu.

Son plan consistait à voir d'abord Hans Vanderbum et à s'assurer de son concours ; mais édifié sur son étonnante aptitude pour le sommeil, le Huron ne songeait pas à le chercher à cette heure, il savait parfaitement qu'il serait plus facile de ressusciter un mort, que de réveiller l'énorme hollandais avant le lever du soleil.

Une heure plus tard, les deux intrépides marcheurs atteignaient les rives du Miami. L'aspect de la belle rivière était admirable : sa surface irisée d'azur et de reflets argentés, se confondait dans la brume lointaine avec l'ombre transparente des bois éclairés jusqu'à la mousse du sol, par une lune splendide : sur cette glace liquide, calme et unie comme l'onde paisible d'un lac, couraient par moments de légers frissons fuyant sous le vent de la nuit. Pas un bruit, pas un murmure sur la terre et sur l'eau ; quelques grands arbres inclinaient gravement leurs cimes aériennes, comme des géants saluant les étoiles ; quelques roseaux se balançaient sur leurs frêles tiges ; quelques lianes serpentaient en l'air ; tout cela silencieusement, avec des mouvements de fantômes ou de Sylphes en gaîté. Et tout autour, à perte de vue, à perte de pensée, le grand désert entourait le riant tableau de son immensité.

Parfois un oiseau nocturne surgissait sous les pieds de Canfield, lui rasait le visage, fuyait droit comme une flèche, longeant le lit de la rivière, et disparaissait après s'être amoindri successivement dans l'espace.

L'âme rêveuse et sensible du jeune officier était vivement impressionnée par la magnificence mystérieuse de cette belle nuit :

— N'est-ce pas beau, cela! bien beau! murmura-t-il.

— Oui, ça fait penser au Grand Esprit.

— C'est vrai, Oonomoo : je vous trouve plus sage que jamais dans vos pensées et vos paroles, mon bon ami, et je m'en réjouis. Je me sens, comme vous, tout rêveur et plein de respect pour Celui qui prodigue ainsi des trésors à la nuit et au désert.

— Il a vu aujourd'hui Flwellina, la femme d'Oonomoo, répondit le Huron.

Canfield fut bien surpris d'entendre l'Indien lui parler ainsi de sa vie privée ; chose contraire à tous les usages de sa race. Mais par déférence pour son ami, il s'abstint de manifester son étonnement.

— Flwellina chrétienne — a dit des paroles de Dieu, le Grand Esprit qui est là haut. Elle a dit à Oonomoo qu'il ne fallait plus prendre de scalps, Oonomoo n'en prendra plus.

— Voilà une sage détermination ; un guerrier tel que vous n'a plus besoin de recueillir les preuves de son courage. Je suis sûr qu'un sourire de cette bonne créature qui se nomme Flwellina, sera pour vous une des meilleures récompenses.

— Oui, je sais... je le sens là ! dit le Huron en plaçant énergiquement la main sur sa poitrine.

Il y eut un moment de silence :

— Il est temps d'aller, ajouta Oonomoo.

— Vous avez parlé de faire en canot une portion de la route ? je ne vois pas de canot.

— Là bas, sous ce rocher.

A ces mots l'Indien montrait du doigt un roc penché sur l'eau, à une certaine distance. Canfield aperçut le rocher mais ne put distinguer le canot, tant il était bien caché dans une anfractuosité. Après avoir fait quelques pas, il reprit la conversation.

— Comment vous y prenez-vous, Oonomoo,

pour avoir des canots un peu partout ? vous auriez de quoi réunir une vraie flotille ?

— Il y en a deux, — trois, — vingt, et plus encore, partout : sur le grand Miami, — le petit Miami, — l'Ohio, — le Soty, — l'Hocking, — le Mussygum, — l'Wabash, — ailleurs encore, — dans tous les lieux où je vais.

— Et vous trouvez occasion de tous les utiliser ?

— Oui : l'hiver dernier sur l'Wabash j'ai passé deux jours à ramer sur la neige épaisse. Quelquefois j'en perds.

— Et comment se trouvent-ils en ces différents parages ? Vous les y conduisez vous-même ?

— Oui : je les construis moi-même, je les conduis, je les répare.

Le jeune officier allait répliquer lorsque le Huron posa vivement la main sur sa bouche pour l'arrêter. Leur causerie avait eu lieu à voix si basse qu'elle n'aurait pu être entendue à un pas de distance. Canfield promena à la hâte ses regards autour de lui pour se convaincre de la solitude absolue dans laquelle ils étaient ; il n'aperçut et n'entendit rien.

Cependant, plein de la plus profonde déférence pour son guide, il garda un silence absolu ; et, comme lui, se mit à faire des pas de fantôme.

Ils arrivèrent ainsi sur la lisière du bois, au bord de la rivière : le Huron, qui marchait le premier, s'arrêta brusquement et fit un mouvement en arrière.

— Qu'y a-t-il donc ? murmura Canfield.

— Chut ! les Shawnees !

— Où ? sur le rocher ?

Le Huron désigna la rive opposée du Miami.

— Là bas, sur le bord : peut-être ils vont traverser.

Canfield fut stupéfait de la clairvoyance avec laquelle Oonomoo avait découvert à une aussi grande distance des ennemis presque invisibles. Il ne put résister au désir de le questionner à ce sujet.

— Regardez donc sur l'eau, voyez le canot !

— Ce n'est pas le vôtre ?

— Non, il est leur : — les voilà qui se préparent à venir de ce côté.

L'Indien ne se trompait pas. A peine avait-il fini de parler que le bruit d'un aviron se fit entendre ; au même instant le canot se détacha du rivage, et Canfield le vit se diriger droit sur eux.

On ne pouvait distinguer le nombre des Shawnees montés dans l'embarcation ; cependant elle paraissait pleine.

Ne ferions-nous pas bien de nous cacher un peu, pour n'être pas découverts ? demanda le jeune officier qui voyait avec inquiétude les Indiens s'approcher.

— Ils n'aborderont pas ici ; ils vont descendre plus bas.

En effet l'avant du canot changea de direction et se mit à suivre le fil de l'eau ; alors on put voir qu'il était occupé par cinq sauvages.

Oonomoo inclina la tête en avant pour mieux les examiner.

— Pas Shawnees, dit-il, Miamis.

— Amis ou ennemis ?

— Très-méchants ; prennent des scalps, tuent tout le monde ; prendront votre chevelure, voyez-vous.

Canfield n'entendit pas les funèbres appréciations d'Oonomoo avec le même sang-froid que celui-ci mettait à les énoncer. Incontestablement c'était un voisinage assez désobligeant que celui des sanguinaires Miamis. Il fit part à Oonomoo de ses impressions.

— N'ayez donc pas peur ! ils ne viendront pas par ici, et pas un de vos cheveux ne sera touché, répondit imperturbablement le Huron.

Il fallait bien se contenter de cette assurance, car il n'y avait guère moyen de faire autrement ; Canfield garda donc le silence en continuant de dévorer le canot des yeux.

Bientôt l'embarcation changea encore une fois de route, et gouverna droit vers le rocher. Saisi d'une nouvelle anxiété, le jeune officier regarda son compagnon : mais le visage de ce dernier était froid et rigide comme celui d'une statue ; le Lieutenant déterminé à ne céder à aucune crainte puérile, resta muet et ne bougea plus.

Arrivés à la hauteur du rocher, les Miamis

firent halte un moment, regagnèrent le milieu de la rivière et prirent terre à environ cent pas des deux voyageurs ; puis ils disparurent.

Après avoir attendu près de deux heures, épiant et écoutant avec une patience féline, le Huron n'entendant et n'apercevant plus rien se disposa à prendre son canot pour continuer la route sur la rivière.

— Mais où est-il ? demanda l'officier lorsque Oonomoo lui eut fait connaître son intention.

— Plongé dans l'eau sous le rocher.

— Les Miamis l'auront découvert et détruit ou emmené.

— Non ; ils n'ont pas pu le voir, il n'était pas sur leur chemin.

— L'eau est-elle profonde ?

— Deux — trois — vingt pieds ; il faudra nager.

Comme tout danger paraissait improbable Canfield vit, sans inquiétude, le Huron quitter son fusil, gagner la rivière et se mettre à la nage.

La clarté de la lune était si vive que non-seulement la tête, mais les traits expressifs de l'Indien et jusqu'à son nez aquilin se détachaient en vigueur sur le fond argenté de l'onde ; on distinguait même sa longue chevelure noire qui flottait développée comme une voile, au-dessous de la surface. Une balle ou une flèche auraient pu être lancées à coup sûr au brave nageur, s'il eût été aperçu par les Miamis.

Canfield le suivit des yeux jusqu'à ce qu'il l'eût vu disparaître dans l'ombre portée par le roc ; ensuite il se tint immobile, attendant avec patience l'issue des événements.

Le Huron manœuvrait dans l'eau avec la même aisance qu'un poisson, et glissait silencieusement dans le courant. Obéissant à son instinct de méfiance habituelle, lorsqu'il fut arrivé au remous formé par l'avance du rocher dans la rivière, il se retourna sur le dos, et faisant « la planche » resta dans une immobilité absolue.

L'ombre portée par ce petit promontoire enveloppait le nageur et le canot vers lequel il se

dirigeait ; dans cette position il pouvait voir sans être vu. En promenant autour de lui ses regards perçants, Oonomoo aperçut un Indien Miami tapi dans une fissure du rocher, et surveillant les alentours comme s'il eût été à l'affût d'une proie.

Aussitôt le Huron s'expliqua les diverses manœuvres du canot ennemi : les Miamis avaient découvert des traces de son passage, ou bien avaient aperçu son canot. Aussitôt l'idée leur était venue de poursuivre le téméraire qui s'était aventuré sur leur territoire.

Avec une subtilité qui avait trompé les yeux clairvoyants du Huron lui-même, ils avaient laissé un des leurs sur la rive pour qu'il surveillât le cours du fleuve. Nul doute que le reste de la bande ne fût cachée dans les environs, prête à bondir au premier signal.

Effectivement, la sentinelle postée sur le rocher avait pour mission de faire feu sur quiconque apparaîtrait, et, dans le cas où il y aurait plus d'un adversaire, de se jeter dans la rivière après avoir poussé un cri d'appel qui ferait accourir tous ses compagnons.

D'un coup d'œil Oonomoo comprit toute la gravité de la situation : le point dangereux était surtout que le Miami l'aperçût trop tôt. Il était, à la vérité, possible de nager jusque sous l'extrémité inférieure du rocher sur laquelle était étendu ce dernier, et de lui fendre la tête d'un coup de tomahawk. Mais, ce parti violent pouvait ne pas obtenir une issue favorable, il était moins chanceux de se glisser jusqu'au canot, et de s'en faire un abri. Ce qui rendait à cet égard plus facile la manœuvre d'Oonomoo, c'est que le Miami se préoccupait tout à la fois de regarder en amont et en aval ; de telle sorte que alternativement il cessait de surveiller le point où se trouvait Oonomoo.

En effet, celui-ci profitant d'un instant où l'ennemi avait la tête tournée, arriva inaperçu au but de ses désirs.

Mais, une fois là, il se trouvait en présence de la même difficulté : il fallait toujours se débar-

Prenez garde! mon bon ami, fuyons, ne tardons pas davantage. (Page 85.)

rasser de son dangereux adversaire. Or, s'élancer sur lui, du fond de l'eau ; le surprendre ; l'étendre mort d'un coup de tomahawk ; c'était affronter une mort certaine, car le Miami avait tout l'avantage de la position.

Sans parler de sa sollicitude pour le lieutenant Canfield, le Huron ne se souciait point de se faire tuer ainsi à coup sûr. Il renonça donc à toute tentative d'agression et songea à regagner le rivage sans être vu, puis à rejoindre le jeune officier, pour le conduire par voie de terre, au village des Shawnees.

Le point difficile était encore de profiter des moments où le Miami regardait ailleurs ; il fallait pour cela déployer une rapidité et une précision incomparable dans le moindre mouvement.

Emporté par son premier élan, Oonomoo ne put empêcher un léger choc de sa tête contre le canot.

Si imperceptible que fut ce bruit, les fines oreilles du sauvage l'entendirent, aussitôt il se pencha sur le bord du rocher pour en reconnaître la cause, et regarda en dessous de lui.

Le Huron avait prévu ce mouvement et se tenait sur ses gardes : se laissant submerger sans faire un mouvement, il suivit le fil de l'eau jusqu'au gouvernail du canot auquel il se cramponna. Là il resta un moment, ne laissant sortir de l'eau que son nez et ses yeux : pendant quelques secondes il s'efforça d'entraîner le canot à la dérive, par mouvements insensibles ; mais il aperçut de nouveau la tête du Miami qui surveillait l'embarcation ; alors il resta immobile, se préparant à la lutte s'il était découvert.

Bientôt son adversaire se pencha tellement sur la rivière que pour se retenir, il étendit une main vers la barque. Plus prompt que la foudre, Oonomoo le saisit avec violence et le renversa dans l'eau. En tombant, le Miami se cramponna à lui : tous deux roulèrent jusqu'au fond, s'étreignant avec fureur.

Néanmoins, sûr de venir à bout de son adversaire, Oonomoo ne craignait qu'une chose, l'arrivée des autres Indiens attirés par le bruit de la lutte : alors il était perdu. Pour éviter la dangereuse clarté de la lune, tout en se débattant, il faisait les plus grands efforts afin de rester dans l'ombre ; il réussit en effet, et lorsque tous deux revinrent sur l'eau, la sombre voûte du rocher recouvrait leurs têtes.

Chacun avait tiré son couteau : les deux armes se levèrent à la fois pour frapper. Dans ce mouvement le Miami découvrit son visage.

— Heïgon ! ! s'écria le Huron en retenant sa main.

— Oonomoo ! ! répondit l'autre d'une voix étonnée et joyeuse.

Les couteaux rentrèrent immédiatement au fourreau. Le Miami sans dire un mot de plus se suspendit au rocher, l'escalada légèrement ; Oonomoo y arriva en même temps que lui, mais aussitôt il se tapit dans l'ombre, et dit à voix basse en se servant de l'idiome de son compagnon:

— Les autres Miamis guettent Oonomoo pour le faire prisonnier ?

— Oonomoo est mon ami, répliqua Heïgon ; les Miamis ne lui adresseront pas même un mauvais regard.

En même temps il jeta un cri bref et aigu ; sur le champ le canot avec ses quatre rameurs apparut rapide comme une flèche : en un clin-d'œil ils furent sur le rocher, le couteau tiré, entourant Oonomoo, avec des regards de loups affamés.

Le guerrier Huron, les bras dédaigneusement croisés sur la poitrine, les mesurait de son œil

tranquille et fier ; une lutte allait s'engager, lorsque Heïgon dit simplement :

— Il est mon ami.

Un changement complet s'opéra instantanément. Les couteaux disparurent, les traits menaçants des Miamis s'adoucirent, leurs mains se levèrent vers Oonomoo, mais cette fois, pour lui offrir une pacifique étreinte. En même temps leurs regards curieux demandèrent des éclaircissements à Heïgon. Celui-ci prit aussitôt la parole :

— La neige couvrait la terre, dit-il, Heïgon était à la chasse : une maladie subite l'avait rendu plus faible qu'un vieillard ou un enfant, incapable de marcher. La neige recommença à tomber jusqu'à ce qu'elle vînt à couvrir les plus hauts rochers ; Heïgon se coucha dans la neige pour mourir. Il était enseveli sous ce manteau glacé, et le Grand Esprit se disposait déjà à l'enlever, lorsqu'un Indien voyageur vint à passer. C'était l'ennemi d'Heïgon, pourtant il le releva sur ses pieds, il secoua la neige qui couvrait son corps et son visage, il réchauffa sa poitrine avec l'eau-de-feu. Il fraya un chemin au travers des broussailles glacées, et ayant ramassé des feuilles sèches, il alluma un bon feu pour réjouir Heïgon. Après avoir passé la nuit auprès de lui, il avait fait d'Heïgon un homme ; il l'avait sauvé. Lorsque le voyageur fut sur son départ, Heïgon lui demanda son nom : c'était Oonomoo le Huron ; celui qui est ici au milieu de nous.

Les regards des Miamis, après avoir entendu ce récit, se fixèrent sur Oonomoo avec une expression flatteuse et amicale : pour eux il était devenu un ami : sa noble conduite avec un des leurs, mettait le comble aux illustres actions dont il était le héros bien connu.

Au milieu de ce triomphe, le Huron conserva son attitude silencieuse et fière, sans même paraître entendre les paroles reconnaissantes d'Heïgon.

— Où va mon frère Huron ? lui demanda celui qui paraissait chef de la petite troupe.

— Au village des Shawnees sur le bord du Miami.

— Nous allons de ce côté : nous accompagnerons notre frère.

— Oonomoo marche contre eux en ennemi : il va délivrer une fille face-pâle tombée entre leurs mains. Mes frères Miamis sont amis des Shawnees.

— Ils sont amis d'Oonomoo qui a sauvé un de leurs guerriers : ils le conduiront dans leur canot.

— Les pieds d'Oonomoo sont comme ceux du daim, ses yeux comme ceux de l'aigle : il suit sa route la nuit à travers les bois, il marche du lever du soleil jusqu'à son coucher sans être fatigué.

— Nous savons que notre frère est brave et infatigable, mais ses amis Miamis le transporteront aussi loin qu'il voudra traverser la forêt, ils le déposeront sur le rivage.

Il n'y avait pas moyen de décliner ces offres officieuses : le Huron se décida à les accepter; toutefois, il ne demanda point l'assistance des Miamis pour son expédition, sachant bien qu'ils ne voudraient pas combattre des alliés. A cette exception près, il savait bien que ses nouveaux amis feraient d'ailleurs pour lui tout ce qui serait possible, et qu'ils ne le contrecarreraient nullement dans ses projets. Tout cela n'empêchait pas qu'il aurait voulu voir tous ces Miamis aux antipodes.

Pendant ce temps Canfield était resté spectateur anxieux du colloque entre le Huron et les Miamis. Son premier mouvement lorsqu'il les vit apparaître sur le rocher, fut de croire qu'Oonomoo était fait prisonnier.

Cette hypothèse le tourmenta fort; mais bientôt il devina que les choses se passaient amicalement, et quoiqu'il ne pût comprendre la conversation faite en idiome Miami, les consonnances pacifiques et l'attitude des interlocuteurs le rassurèrent.

Néanmoins il lui restait des inquiétudes, et en s'entendant appeler par le Huron, il tressaillit :

son premier mouvement fut de ne pas répondre, car il supposait que ce dernier avait été contraint de dévoiler sa présence; cependant, réflexion faite, il se décida à se montrer.

— Canfiel'! Canfiel'! répétait le Huron.

— Me voici, Oonomoo, que voulez-vous?

— Venez ici, nous vous attendons, sans avoir rien à craindre des Miamis.

Le jeune officier accourut, et peu d'instants après, les deux canots étaient en partance au pied du rocher. Dans le premier étaient quatre Miamis; dans le second, Oonomoo et Heïgon, ce dernier tenant la rame.

Les deux embarcations remontèrent le courant jusqu'à un petit promontoire auprès duquel elles arrivèrent en même temps que Canfield.

— Comment va frère? demanda le chef des Miamis en lui tendant la main.

L'officier échangea la même formalité avec les cinq étrangers, après quoi les Sauvages sautèrent à terre et s'installèrent gravement en rond pour fumer le *calumet de paix* : l'instrument pacifique passa de bouche en bouche, et chacun en tira à son tour des bouffées solennelles.

Cette cérémonie passablement insipide pour Canfield dura près d'une heure : le jeune homme bouillait d'impatience et ne savait quelle contenance tenir. Une seule et unique affaire le préoccupait, le salut de sa chère Mary; il ne pouvait concevoir qu'aucune autre pensée pût intéresser âme qui vive, et se sentait indigné contre Oonomoo en le voyant doué d'une placidité parfaite : en effet, le Huron fumait avec un air de béatitude sereine et nonchalante qui n'annonçait certes pas grande préoccupation.

Enfin, le dernier fumeur lâcha sa dernière bouffée, et l'important cérémonial du traité de paix sauvage fut accompli; alors seulement il fut permis de songer au départ, et on s'embarqua.

Dans le canot d'Oonomoo s'installèrent ce dernier, Canfield et l'officieux Heïgon, qui ne voulut laisser à personne le soin de ramer. Les deux légères embarcations glissèrent d'abord à l'ombre des rives boisées, puis, prenant la pleine eau, volèrent sur la face argentée de la rivière comme deux nuages emportés par le vent.

Le village Shawnee était à peine à dix milles de distance ; l'horloge céleste marquait environ minuit : tout était donc à souhait pour l'expédition hasardeuse de nos deux amis.

Cependant, il était écrit que leur navigation ne s'accomplirait pas sans aventure. Lorsqu'ils eurent parcouru un espace d'environ cinq milles, une exclamation se fit entendre dans le premier canot monté par quatre Miamis.

— Qu'est-ce qu'il y a encore ? demanda Canfield.

— Ugh ! un canot de Shawnees qui arrive ! murmura Oonomoo.

Il ne se trompait pas. En effet, un grand canot de guerre contenant une troupe nombreuse de guerriers couverts d'éclatantes peintures, s'avançait au milieu du courant, pendant que les Miamis tenaient la rive droite.

Lorsque les deux flottilles furent en présence il y eut un arrêt ; Miamis et Shawnees s'adressèrent des congratulations réciproques : pendant ce temps, Heïgon et ses deux protégés restèrent prudemment à l'écart, si bien qu'ils eurent la chance de rester inaperçus, ou du moins de n'être pas inquiétés.

Ce ne fut pas néanmoins sans avoir éveillé l'attention des Shawnees : à leurs gestes inquisiteurs on pouvait reconnaître qu'ils adressaient des questions aux Miamis.

Quand, enfin, on se sépara, Canfield respira à l'aise en songeant qu'il l'avait échappé belle ainsi qu'Oonomoo. Et ce dernier put classer parmi ses souvenirs de guerre les plus émouvants, cette chance heureuse d'avoir échappé deux fois en cette nuit mémorable aux haines mortelles de ses plus féroces ennemis.

Quelques minutes plus tard, on arriva à la hauteur du village Shawnee ; Oonomoo exprima le désir de débarquer. Aussitôt Heïgon dirigea le canot vers le rivage, sauta dans l'embarcation de ses compagnons, et après avoir échangé une dernière fois de cordiales poignées de mains, les deux troupes se séparèrent, peut-être pour ne jamais se revoir.

CHAPITRE VII

PLAN DE CAMPAGNE

Les premières lueurs de l'aurore commençaient à apparaître. Un brouillard pénétrant s'élevait de la rivière et se répandait lentement dans les bois : les vapeurs matinales obscurcissaient le ciel au point de le rendre plus sombre qu'il ne l'avait été pendant toute la nuit.

Il y avait là un moment désagréable à passer auquel Oonomoo se montra tout à fait insensible, mais qui affecta péniblement l'organisation moins robuste du jeune officier.

Le village Shawnee était éloigné d'environ un mille. Comme il n'y avait pas la moindre probabilité de trouver Vanderbum sur pied à une heure aussi matinale, ils marchèrent à petits pas dans la forêt.

Canfield, énervé par une nuit sans sommeil et par le froid humide de cette matinée glaciale, était atteint de bâillements nerveux, et d'un frisson général qui lui ôtaient toute sa vivacité d'esprit, toute sa vigueur corporelle. Incapable de penser et de parler, il cheminait silencieusement et en trébuchant à côté d'Oonomoo.

L'Indien était toujours aussi vigilant et alerte : rien ne pouvait influencer cette nature d'acier.

Les regards languissants du lieutenant erraient sans but : tout à coup il lui sembla voir une ombre furtive dans le fourré ; mais au même instant il trébucha sur une racine d'arbre : quand il se releva tout avait disparu.

Naturellement il interrogea le Huron des yeux. Ce dernier paraissait impassible :

— Oonomoo ! lui murmura-t-il dans l'oreille, il y a quelqu'un par ici dans les brous ailles ; nous sommes en danger ; je viens de voir !...

—Moi aussi j'ai vu, répondit Oonomoo marchant droit au lieu où était apparue l'ombre suspecte.

Canfield frissonna. L'idée qu'un canon de fusil braqué derrière quelque arbre allait vomir sur eux une mort certaine, l'engagea à retenir son compagnon.

— Laissez-moi donc faire ! lui dit ce dernier en secouant la tête ; suis-je donc une vieille femme édentée, pour prendre tant de précautions.

L'Indien rampa jusqu'au but avec une agilité de couleuvre : au bout d'une seconde Canfield le vit bondir sur un objet sombre, le saisir dans ses mains nerveuses, et aussitôt le laisser retomber avec dédain.

Le jeune officier se hâta d'accourir, et ne fut pas médiocrement surpris en reconnaissant par terre le corps gisant du nègre Caton.

— Que diable fait-il là ? demanda-t-il ; est-il mort ?

— Je ne crois pas ; il fait le mort seulement.

L'Indien avait parfaitement raison : le nègre, terrifié par l'approche de deux étrangers, dont un Indien surtout, s'était laissé tomber et était demeuré étendu par terre feignant d'être trépassé, afin d'ôter aux ennemis l'envie de le tuer.

Canfield irrité de tous ces contre temps, sentant d'ailleurs le danger de trahir leur présence en un lieu si proche des Shawnees, usa de fort peu de ménagements envers le morceau.

— Debout ! imbécile ! indocile brute ! lui dit-il en le poussant rudement du pied ; nous voyons bien que tu n'es ni mort, ni même blessé ; debout, et ne joue pas plus longtemps une comédie stupide.

Caton ouvrit à moitié un œil ; puis poussa un soupir ; puis remua le bout d'un pied dans les feuilles ; enfin il bâilla comme s'il se réveillait seulement d'un profond sommeil.

— Ciel ! Bon Dieu ! que ce nègre est donc endormi ! grommela-t-il ; tiens ! c'est vous Oono-

moo ! Et, Dieu me bénisse ! n'est-ce pas Massa Canfield !

A ces mots il se dressa sur ses pieds.

— Que faites-vous ici ? demanda Canfield irrité.

— Je suis venu machinalement, suivant mon chemin au hasard.

— Mais, on vous avait envoyé au settlement ; pourquoi n'y êtes-vous pas allé ?

— Dieu vous bénisse ! Massa Canfield ; j'ai su qu'il y avait dix mille millions d'Indiens dans le bois entre nous et le settlement : j'ai bien essayé de me frayer un passage, mais c'était trop pour moi, il a fallu y renoncer.

— Enfin, pourquoi venir rôder si loin de ta route, méprisable poltron ? pourquoi venir ici où on t'avait défendu de paraître.

— Eh ! le sais-je ! je suppose que j'ai voulu regagner la maison, et sans m'en douter, je suis arrivé dans ce bois.

— Que dites-vous de cela, Oonomoo ? demanda Canfield en se tournant vers le Huron.

— Qu'il s'en aille ! je le tuerai s'il fait manquer notre expédition.

— Tu entends, Caton ; il t'arrivera malheur si tu nous suis. Tu t'en iras tout à l'heure ; pour le moment, ta présence ne me paraît pas nuisible ; reste avec nous encore quelques instants, mais, sur ta vie ! garde-toi de faire entendre un simple soupir !

Caton terrifié promit obéissance et les suivit humblement par derrière, pendant que le Huron ouvrait la marche.

Ce dernier s'enfonça dans un fourré inextricable, y creusa une espèce d'enceinte circulaire, et s'installa dans une espèce de lit qu'il s'était préparé au milieu des broussailles :

— Nous avons le temps, dit-il, de dormir un peu.

Cette proposition fut excessivement agréable au lieutenant, en dépit de son impatience, il tombait de sommeil et pouvait à peine se soutenir. Tous trois se couchèrent et furent bientôt endormis profondément : Caton avait été placé à quelque distance sur le seul sentier praticable, de façon à tomber le premier sous les yeux de l'ennemi s'il venait par là.

Mais, l'impressionnable moricaud ne resta pas longtemps tranquille; levant la tête avec précaution, il s'assura que le terrible Huron ne le voyait ni ne l'entendait; alors il rampa à une certaine distance avec les plus grandes précautions, puis se releva sur ses pieds et se sauva ventre à terre. Peut-être saurons-nous plus tard quels étaient ses projets.

Pendant que Canfield et Oonomoo prennent un instant de repos pour se préparer à leur périlleuse tâche, nous reviendrons, s'il plaît au lecteur, à notre vieille connaissance Hans Vanderbum, le bienveillant gardien de la gentille et intéressante Mary Prescott.

On se souvient que madame Vanderbum, la séduisante Keewaygooshturkumkankingewock avait reçu pour pensionnaire la jeune captive.

Plusieurs raisons avaient déterminé les Shawnees à la placer dans cette demeure. D'abord, ils avaient songé à adoucir un peu le sort de leur prisonnière; la Squaw avait appris de son mari quelques bribes d'anglais, il lui était possible de causer un peu avec miss Mary; et, si peu agréable que fût sa société, elle valait encore mieux que celle des autres femmes de la tribu, qui ne connaissaient absolument que leur idiome.

Probablement les sauvages n'avaient aucune idée arrêtée sur la jeune fille : ils la gardaient chez eux, à peu près comme on conserve un joli oiseau en cage, sans avoir contre elle des projets violents. Néanmoins, si elle avait fait la moindre tentative d'évasion, ils l'auraient tuée sans miséricorde; la fuite d'un prisonnier étant considérée comme le plus grand affront qui puisse être reproché à un Shawnee.

La redoutable Keewaygooshturkumkankingewock était sauvage jusqu'au bout des ongles, et on la savait incapable de se rendre complice d'une évasion. Quant à son mari, sa stupidité et sa somnolence le mettaient à l'abri de tout soupçon.

Miss Prescott s'installa donc dans la cabane du gros Hollandais. Le premier jour se passa sans aucun incident nouveau; seulement elle reconnut avec tristesse que, sans le secours de ses amis, elle ne pouvait nourrir aucune espérance de fuite. La hutte n'avait qu'une seule entrée, juste assez grande pour laisser passer Hans Vanderbum et son gros ventre: les parois du wigwam étaient en matériaux inébranlables, et d'une solidité telle que les doigts délicats de la jeune fille ne pourraient jamais venir à bout de les percer.

Ajoutons que mistress Vanderbum, chaque nuit, prenait la précaution de faire coucher son mari en travers de la porte et de s'y coucher elle-même à côté de lui; cette barrière humaine représentait au moins cinq pieds de large, près de trois pieds de haut, et s'étendait sur une longueur qui dépassait de beaucoup l'ouverture de la porte: cela était impossible à franchir, pour la jeune fille.

Disons encore que mistress Vanderbum avait un sommeil de chat, aussi léger que celui de son mari était profond et lourd, et que le frisson d'une feuille la réveillait.

Enfin, chaque soir, la vigilante geôlière attachait derrière le dos les mains de la captive. Ce luxe de précautions était de nature à décourager la pauvre enfant.

Néanmoins Hans trouva moyen de lui adresser quelques bonnes paroles, et de l'entretenir dans l'espoir que le secours espéré ne serait pas long à venir.

Le second jour, Hans Vanderbum s'éveilla à une heure matinale tout à fait inusitée pour lui; sa première pensée en ouvrant les yeux, fut qu'il avait un rendez-vous avec Oonomoo.

Il n'est personne, en effet, qui n'ait remarqué que, lorsqu'une idée préoccupe fortement, telle par exemple, celle de se lever à une heure déterminée, on s'éveille au moment fixé, avec une précision surprenante.

Hans Vanderbum fut donc levé, ce jour-là, avant sa femme : mais le bruit de ses pas la tira du sommeil.

— Qu'y a-t-il donc, Hans? êtes-vous malade? lui demanda-t-elle vivement.

— Non, ma colombe bonne et charmante; je ne me suis jamais mieux porté, mais il me semble que l'air matinal me fera du bien, je vais faire un tour de promenade pour le respirer à l'aise.

L'autocrate femelle n'ayant formulé aucune objection, son craintif époux sortit lestement, et se dirigea avec de majestueux dandinements vers le lieu indiqué par le Huron dans leur précédente entrevue.

Le gros hollandais ne se pressa pas, tout d'abord, car l'heure du rendez-vous n'était point encore arrivée; or, comme il connaissait l'exactitude mathématique de son ami Indien, il ne tenait pas à arriver en avance : Hans Vanderbum était comme Louis XIV, il n'aimait pas à attendre.

— Pourquoi me hâterais-je. marmottait-il en trottinant, je ferais bien de m'arrêter un peu ici pour me...

Il ne put achever: quelque chose de pesant lui tomba sur les épaules avec une telle force qu'il en ploya jusqu'à terre, et que son chapeau fut enfoncé jusqu'aux yeux.

— Mein Gott ! quel arbre se renverse sur moi? s'écria-t-il en faisant des efforts pour se dégager de ce qu'il croyait être le tronc d'un gros arbre. Son hypothèse se trouvait confirmée par la chute d'une grosse branche gisant sur le sol à côté de lui. Au même instant une exclamation frappa ses oreilles.

— Ciel ! Bon Dieu ! qu'est-ce que fait là ce tonneau plein?

Hans parvint à extirper son chapeau de dessus ses yeux, et aperçut le nègre Caton étendu par terre, les jambes en l'air.

— Tonnerre et éclairs ! Qui êtes-vous? demanda Vanderbum de plus en plus étonné; est-ce que vous venez des nuages?

— Yah ! yah ! yah! que faites-vous-là? vieux sanglier fourbu? Je suis M. Caton, un des gentlemen noirs du capitaine Prescott.

Le hollandais ouvrit de grands yeux et resta un moment bouche béante.

— Mais, enfin, qui vous forçait de me tomber sur la tête? demanda-t-il d'un ton bourru.

— J'étais en observation sur cet arbre; juste au moment où vous passiez ma branche s'est cassée, et je suis tombé. Vous vous êtes trouvé là fort à propos pour me recevoir et amortir ma chute.

— Et vous, vous êtes tombé fort à propos pour me casser le cou.

— Mais qui pouvez-vous bien être, avec votre corbeille à pain sur la tête? interrogea Caton toujours assis par terre les jambes relevées.

— Moi? je suis Hans Vanderbum, l'homme de Keewaygooshturkumkankingewock.

Caton devint subitement moins arrogant. Il avait entendu Canfield prononcer ce nom en causant avec le Huron; il se douta aussitôt que ce gros homme se trouvait mêlé aux plans concertés d'avance.

— Eh ! répondit-il, vous êtes Hans Vanderbum? J'ai entendu Massa Canfield et Onomoo parler de vous.

— C'est parfaitement moi. Où sont-ils?

— Je ne les crois pas loin : je les ai laissés dormant dans le fourré, et je me suis mis à faire une ronde d'observation pour vérifier si quelque vermine d'indien ne rôdait pas par ici; je n'ai aperçu que vous; et vous n'êtes pas un Indien.

L'heure fixée par le Huron, pour le rendez-vous était arrivée, le Hollandais ajouta :

— Voici l'instant où je dois les rencontrer; mettons-nous tous deux à leur recherche, nous les trouverons plus facilement.

— Très-bien ! très-bien ! marchez en avant M. Hansderbunvan, je vous suis, répondit le nègre en se plaçant dans sa position prudente et préférée.

Quelques centaines de pas plus loin, Vanderbum déclara qu'ils étaient sur le lieu du rendez-

vous ; effectivement, au bout de quelques secondes, des pas légers se firent entendre dans le
bois ; Canfield et le Huron apparurent.

— Mon frère arrive à temps, dit Oonomoo en
serrant la main du Hollandais.

— Oui ; Keewaygooshturkamkankingewock ne
m'a pas retenu, répondit le gros homme d'un air
satisfait, sans oublier d'offrir à Canfield une cor-
diale poignée de main.

— Je suis étonné et fort mécontent de te revoir ici, Caton, après les ordres que je t'avais
donnés tout à l'heure ! fit le lieutenant irrité de
la présence importune du moricaud.

— J'étais trop inquiet pour vous, massa Canfield, répondit le rusé poltron ; je n'ai pu me
décider à m'en aller comme ça.

Pour le moment, il n'y avait rien à faire ; on
toléra l'obstiné Caton.

Cependant Vanderbum et Oonomoo s'entrete-
tenaient en langage Shawnee.

— Quelles nouvelles mon frère peut-il m'an-
noncer ?

— De bonnes nouvelles ; la fille est dans mon
wigwam.

— Comment s'y trouve-t-elle ?
— Ma Squaw en prend soin.
— C'est bon.

— Je n'entends rien à tout ça, Oonomoo, et
pourtant je m'imaginais que ce n'était pas bien
du tout. Ma femme n'a jamais été d'un caractère
commode, et cette fois-ci elle ne paraît pas s'a-
doucir, au contraire...

— J'ai dit à mon frère que c'était bon ! La captive sera avec nous lorsque le soleil reparaîtra
dans le ciel.

— Eh ! seigneur ! comment ferez-vous ?

— Donnez cette drogue à Keewaygooshturkumkankingewock, répondit l'Indien en lui présentant une substance noire et visqueuse.

— Tonnerre ! est-ce du poison ? demanda Hans
en Anglais ; ma femme me tuera si elle s'aper-
çoit que je cherche à l'empoisonner !

— Ça ne lui fera point de mal ; ça l'endor-

mira seulement, et elle se réveillera ensuite.

— Quanonshet et Madokawandock auront-ils
aussi de quoi en prendre ? car ils ne dorment
guères non plus, ceux-là.

— Il y en a assez pour tout le monde. Aujour-
d'hui vous mêlerez cette drogue à leur nourriture;
ils s'endormiront pour ne se réveiller qu'après le
lever du soleil.

— Et la jeune fille ? que faudra-t-il faire pour
elle ?

— Quand la lune paraîtra sur la cime de ces arbres, coupez les liens qui la retiennent, condui-
sez-la jusqu'ici : Oonomoo y sera pour la recevoir
et la mener chez ses amis, au Settlement.

Toute cette dernière partie de la conversation
eut lieu en anglais pour que Canfield pût la comprendre.

— Mais moi... que deviendrai-je ? observa Hans
Vanderbum dans un état de très vive perplexité ;
quand ma squaw s'éveillera, elle se doutera très
bien que c'est moi qui aurai fait le coup... Ah !
surtout lorsqu'elle ne trouvera plus la prisonnière;
alors... alors... alors...

Et le brave Hollandais compléta naïvement
sa pensée par une pantomine des plus expres-
sives.

— Prenez aussi de la drogue, elle vous endormira, et votre squaw vous trouvant dans cet état
n'aura aucun soupçon.

Hans ouvrit des yeux ronds comme la lune
lorsque le Huron lui déroula le tissu complet de
sa ruse. Canfield intervint aussitôt pour féliciter
l'Indien de sa finesse aussi habile que prudente,
et du sang froid prévoyant avec lequel il savait
parer à toutes les difficultés.

En même temps il donna mille explications à
Vanderbum sur la manière d'employer l'opium ;
lui conseillant de ne le faire prendre à sa famille
qu'environ quatre heures avant le coucher du
soleil, afin que l'effet se produisit en temps utile.
Il lui expliqua à quelles doses il devait l'adminis-
trer à chacun ; combien il devait en absorber lui-
même ; il lui rappela toutes les précautions à prendre lorsqu'il quitterait sa cabane, pour prévenir

Le chef Heigon.

les indiscrétions inopportunes de quelque Shawnee rôdeur, éveillé pendant la nuit.

Du reste, la hutte de Vanderbum était heureusement située à l'écart des autres, un peu cachée par les buissons, proche des bois: tout concourait à faire espérer la réussite parfaite de la petite conspiration.

Enfin, muni d'instructions minutieuses, Vanderbum partit ; Canfield, Oonomoo et le nègre cherchèrent un abri pour y passer en sûreté les longues heures de l'attente.

CHAPITRE VIII

EXPLOITS D'HANS VANDERBUM

Maître Vanderbum fit un long détour pour se rendre au village ; il voulait se donner le temps de se remettre des émotions qui l'agitaient, et effacer de ses traits un air de solennité qui l'aurait trahi.

4

La précieuse substance donnée par le Huron était cachée dans son sein, roulée dans une feuille, précieusement surveillée : il aurait volontiers donné deux doigts de sa main pour ne pas la perdre.

Après une heure passée en profondes réflexions, il vint à bout d'arrêter entièrement son programme, ainsi qu'il suit. Il irait à la pêche vers le milieu de l'après-midi, après avoir prévenu sa femme qu'il reviendrait pour l'heure du dîner avec le poisson pris ; de telle façon que celle-ci, comptant sur le produit de la pêche, ne préparerait rien, en l'attendant. Mais, au lieu de reparaître à l'heure indiquée, Vanderbum ne reviendrait que plus tard, à la tombée de la nuit ; alors sa femme et ses enfants seraient tellement affamés qu'ils dévoreraient le poisson et sa sauce sans prendre garde au goût plus ou moins hétéroclite que la drogue soporifique pourrait lui communiquer.

Mais il était indispensable de prévenir miss Prescott pour l'empêcher de toucher à ce mets diabolique ; car il y aurait eu les plus graves inconvénients à ce qu'elle tombât en léthargie au moment où son énergie lui deviendrait le plus nécessaire.

Toutes ces combinaisons bien mûries, Vanderbum fit sa rentrée chez lui dans les meilleures conditions.

Afin d'être plus libre pour l'exécution de ses pla..., le gros Hollandais feignit d'être un peu malade ; aussitôt sa femme qui, au fond, ne laissait pas que d'avoir pour lui une certaine affection, l'engagea à rester au logis et sortit pour aller faire des semailles urgentes.

Cela faisait on ne peut mieux les affaires de Vanderbum : il se hâta d'en profiter, dès qu'il se trouva seul avec miss Prescott.

— J'ai vu Oonomoo, lui dit-il en manière d'introduction.

— Ah ! vraiment ! s'écria la jeune fille tressaillant d'espérance !

— Oui...et une autre personne aussi...vraiment !

Le charmant visage de la captive se colora d'une vive rougeur ; le Hollandais, tout naïf qu'il était, comprit qu'il n'avait pas besoin de nommer *cet autre.*

— Oui ! poursuivit-il, je l'ai vu aussi.

— Et qu'a-t-il dit ?

— Oh ! pas grand'chose ! il a grincé des dents, et puis, il a ri comme un âne. Que le tonnerre noir le confonde ! il a failli me tuer.

Miss Prescott était confondue de ce qu'elle entendait ; il lui paraissait inconcevable qu'on parlât ainsi de son ami.

— Je ne puis vous comprendre, mon bon ami, répondit-elle avec désolation ; pourquoi vous exprimez-vous ainsi ?

— Eh ! que puis-je dire ? il a dégringolé du sommet d'un arbre sur ma tête, m'a enfoncé mon chapeau jusqu'aux oreilles ; de là il a roulé par terre les jambes en l'air : enfin, il m'a ri au nez.

— Mais, au nom du ciel ! de qui parlez-vous ? Le lieutenant Canf....

— Je parle d'un gros lourdeau de nègre nommé Caton.

— Ah ! je comprends !

Et la jeune fille, confuse et rougissante d'avoir fait preuve d'une imagination trop empressée, cacha sa tête dans ses mains.

— Je l'ai vu aussi ! ajouta facétieusement Vanderbum.

— Qui ?

— Le lieutenant Canfield.

Vanderbum murmura ce nom avec un souffle de voix seulement ; mais l'oreille attentive de Mary le saisit parfaitement.

— Où est-il ? qu'a-t-il dit ? quand le verrai-je ? Oh ! ne me faites pas mourir d'impatience !

— Le Huron, lui, et le nègre sont dans les bois du voisinage, attendant le moment de protéger votre fuite ; et je suis chargé de vous conduire à eux, la nuit prochaine.

— Mais Keeway.... votre femme ?

— Keewaygooshturkumkankingewock ? oui, c'est ma *fraü* ; nous nous sommes mariés il y a six ou sept ans. Un joli nom, çà ! Savez-vous ce qu'il signifie ?

— Non ! je n'en ai pas la moindre idée, répliqua la jeune fille, se prêtant de bonne grâce au babillage expansif du gros bonhomme.

— Il signifie: « Le Lys qui conserve toujours sa beauté. » Que dites-vous de çà ?

— Mais votre « Lys » me laissera-t-il partir ?

— C'est justement ce que j'allais vous expliquer. — Ah ! à propos, quel nom vous figurez-vous que vous ont donné les Shawnees ?

— Je l'ignore ; cela m'intéresse peu.

— Ils vous appellent Waw-be-be-nais-sa !

— Et cela veut dire ?

— Rayon-de-Soleil !! Est-ce joli, çà ?

— Oui, mon bon ami, c'est charmant…; mais continuez, je vous en prie, les choses plus sérieuses que vous aviez à me dire.

— Oui, vous avez raison. Je vais partir pour la pêche et je ne reviendrai que ce soir. J'apporterai du poisson pour souper. Le Huron m'a donné quelque chose que je mêlerai à la nourriture : çà endormira ma femme et mes enfants ; pendant ce temps nous nous esquiverons adroitement.

— Je suppose que vous ne m'engagerez pas à manger de cet assaisonnement ?

— Non, en vérité ! car je serais prodigieusement embarrassé si je vous voyais engourdie par un profond sommeil au moment de fuir.

— N'ayez pas peur ; il n'y a pas de danger que j'aie faim, après ce que vous venez de me dire.

— C'est bien, souvenez-vous bien, et n'oubliez pas… Je sens que je vais un peu mieux maintenant, ajouta-t-il, changeant subitement de ton et d'attitude.

Il venait d'entrevoir sa gracieuse épouse debout sur le seuil de la porte, et se hâtait d'improviser quelques paroles insignifiantes.

— Décidément, oui, me voilà bien, poursuivit-il ; je vais un peu à la pêche, ma chère Frau; qu'en pensez-vous ?

— Je pense que vous ferez bien.

— Ma charmante, donnez-moi ma ligne et mes hameçons pendant que j'allume ma pipe.

La ménagère accéda à son désir, et quelques minutes après, Hans Vanderbum partait, équipé de toutes pièces. Il ne manqua pas de lui recommander plusieurs fois de ne rien préparer pour le repas avant son retour. La bonne femme était en joyeuse humeur, elle lui promit tout ce qu'il voulut.

Mais si leur mère se montrait commode, par contre, les deux affreux polissons Quanonshet et Madokawandock étaient possédés du démon de la méchanceté ce jour-là. Pendant sa route pour arriver au territoire de pêche, le gros Hollandais tomba plus de vingt fois : à la fin, étonné de ces chutes inexplicables, il s'arrêta pour regarder un peu l'état du sentier.

— C'est drôle, murmura-t-il, que le gazon et les broussailles se soient ainsi allongés tout à coup : On dirait des cordes tressées d'un bord à l'autre du chemin ! Dieu me bénisse ! il y a aussi partout des nœuds coulants, comme si quelque chasseur avait tendu des pièges pour prendre du gibier. Eh ! en voilà encore des débris noués à ma jambe. Ah ! c'est fameusement drôle ! je ne suis plus surpris d'être tombé si souvent… Mais, qui a pu songer à tendre des pièges dans un sentier pareil…? il n'y passe jamais un rat seulement, en fait de gibier ; oui, c'est un médiocre chasseur, celui-là ; je ne lui en fais pas mon compliment.

L'innocent Hollandais ne songea pas un seul instant aux deux petits démons domestiques dont il était victime. Pourtant, s'il avait jeté un coup d'œil autour de lui, il aurait aperçu leurs faces de singes, noires et grimaçantes, nuancées de toutes les périodes de l'extase, à chaque chute nouvelle du gros bonhomme.

Ses tribulations ne cessèrent point ; et il tomba plus de dix fois encore avant d'arriver à son poste.

Mais il était si fort préoccupé de la grande affaire, qu'il s'apercevait à peine de tout cela. Il avait oublié jusqu'à l'existence des deux exécrables gamins qui désolaient son intérieur.

Suivant son habitude, il s'installa sur l'extrémité de son arbre favori et se disposa à jeter la ligne. Mais, hélas ! l'arbre tout entier tomba avec lui dans la rivière : co nouveau méchant tour lui rappela les petits monstres qu'il nourrissait « à la sueur de ses os, » et lui arracha un certain nombre d'interjections passablement furieuses, pendant qu'il barbottait à grand'peine dans le perfide élément.

A la fin, il se mit à pêcher, et, le soir venu, il avait sa corbeille pleine. Craignant que, s'il tardait trop, sa femme entreprit quelque préparation pour son dîner ou bien, qu'elle vint le chercher, il se cacha soigneusement dans un épais buisson.

Bien lui en prit d'avoir eu cette précaution, car à peine était-il assis dans sa cachette, qu'il aperçut sa terrible moitié dont le redoutable regard sondait les alentours. Le vaillant époux se complut à l'observer courageusement, du fond de ses broussailles : ce ne fut pas une médiocre satisfaction pour lui que de la voir, fronçant les sourcils, inspecter le rivage; s'avancer avec une expression inquiète, lorsqu'elle avisa l'arbre rompu; chercher à savoir si le naufragé avait gagné la terre; constater d'un air rassuré qu'en effet, il était sorti de l'eau; puis reprendre son allure habituelle, hautaine, dure et dédaigneuse; et enfin s'en aller rapidement, comme elle était venue.

Une certaine appréhension avait dominé toutes les sensations d'Hans Vanderbum pendant l'apparition de son tyran femelle; il releva la tête avec un soupir de soulagement lorsque la vision menaçante se fut dissipée; et il se remit innocemment à pêcher.

Cependant, l'heure approchait où il fallait songer au retour : le cœur du gros Hollandais eût des palpitations lorsqu'il songea à l'accueil sur lequel il pouvait compter. En effet, c'était une redoutable perspective que d'avoir à affronter les reproches d'une femme perpétuellement en colère, et qui, par surcroît, serait furieuse non moins qu'affamée. Son esprit effaré n'osa pas sonder les profondeurs de ce péril; il partit machinalement.

Ce ne fut qu'avec des trébuchements et des tremblements inouïs qu'il mit le pied sur le seuil de son wigwam.

Personne ne lui apparut pour le recevoir. « Mauvais signe ! » pensa-t-il, « ce sera pire encore que je ne craignais. » Cependant, un profond silence régnait dans l'intérieur : « Très-mauvais signe, » pensa-t-il de nouveau.

Il entra, et attendit dans l'attitude d'un chien qui attend le fouet. Toujours rien! personne ne souffla mot.

Alors, il se hasarda à regarder un peu ; miss Prescott faisait semblant de dormir dans un coin; sa femme, assise devant le feu, en tourmentait les tisons d'un air... d'un air... qui parut si redoutable au malheureux Vanderbum qu'il en recula de deux pas.

Au bruit qu'il fit involontairement, sa femme dirigea vers lui ses yeux noirs!... Hans Vanderbum se vit perdu, et roula plutôt qu'il n'entra tête baissée dans la cabane; devant lui, ses deux énormes bras étendus présentaient comme une offrande propitiatoire la corbeille pleine de beaux poissons. Il voulut parler, et ne put; la voix s'arrêta dans son gosier.

L'épouse redoutée se leva et vint à lui en disant:

— Mon mari a-t-il été malade ?

Le cœur d'Hans cessa de palpiter, la sueur de son front s'arrêta à moitié chemin, il se releva d'un pied... Ces paroles avaient été dites d'une voix douce, presque tendre! la voix des beaux jours! la voix de la lune de miel! La faculté de parler lui revint, mais il ne savait trop ce qu'il disait: cette double émotion en sens inverse l'avait moralement écartelé.

— Oui!... non!.. c'est-à-dire peut-être!... probablement même, je suppose que je ne vais pas très-bien. Je crois que j'ai l'estomac creux et que j'ai besoin de manger.

Ceci dit, il remit la corbeille, s'assit, et tâcha de deviner quel prodige avait bien pu métamorphoser sa femme.

La chose était bien simple : elle le croyait réellement malade des suites de son bain forcé; à ce sujet, même, messieurs Quanonshet et Madokawandock avaient reçu un... avertissement mémorable des mains vigoureuses de leur mère. L'inquiétude avait, pour le moment, mis à l'écart la méchanceté épineuse de la squaw.

— Le dîner va être bientôt prêt, répartit la mégère toujours sur le même ton.

Hans Vanderbum, — l'ingrat, — n'aspirait qu'à une chose ; faire la cuisine pour être à portée de mêler au ragoût sa drogue soporifique. Mais aux ouvertures qu'il fit à ce sujet, sa femme répondit par un refus formel :

— Vous avez besoin de repos et de soins, dit-elle, laissez-moi faire.

Force fut de se résigner, et d'ajourner cette seconde partie du programme. Néanmoins, maître Vanderbum n'y perdit rien pour attendre ; pendant que son corps était dans l'inaction, son esprit travaillait ; il eut le temps de combiner une ruse, à son avis, fort ingénieuse.

Les enfants étaient restés dehors, se culbutant à qui mieux mieux : le feu pétillait gentiment ; la matelotte — espoir du souper — faisait entendre ses bouillons harmonieux. Tout-à-coup Hans tressaillit et prêta l'oreille d'un air effaré.

— Qu'est-ce que c'est ? lui demanda sa femme.

— Je ne sais pas trop ! j'ai entendu... un cri... quelque chose d'extraordinaire, il me semble. Est-ce qu'un des enfants serait blessé ? voyez donc un peu ce que c'est, ma bonne, chère Frau.

La Squaw s'élança dehors avec toute la vigilance de la sollicitude maternelle. Hans, aussitôt, toujours tremblottant, saisit entre le pouce et l'index la fatale gomme, et la jeta dans la marmite. Presque au même instant elle fut dissoute et s'incorpora à la sauce : pour plus de sûreté, Vanderbum se mit à brasser le ragoût avec une noble ardeur.

Au même instant sa femme rentrait, n'ayant rien vu d'extraordinaire, comme de juste.

— Bon mari ! dit-elle ; bon pour Keewaygoosh-turkumkankingewock !

— Oh ! je suis un traître ! un monstre ! et voilà mon crime découvert ! pensa Vanderbum éperdu.

Cependant, par un effort surhumain, il bredouilla une petite réponse :

— Oui, je prenais soin du poisson pour qu'il ne brûlât pas.

Chose surprenante, cela se passa encore très amiablement ; sa femme n'avait rien vu.

Le gros scélérat s'assura d'un coup d'œil que tout vestige de gomme avait disparu, et s'empressa de céder la place à la ménagère.

Bientôt le souper fut prêt et servi. Vanderbum s'excusa de ne pas manger, alléguant son indisposition.

Le prétexte fut bien reçu par sa femme ; mais elle fût fort étonnée lorsque miss Prescott, en se réveillant de son feint sommeil, refusa avec dégoût de manger quoique ce fût.

— Vous êtes malade aussi, vous ?

— Non, non, non ; je n'ai pas faim : murmura la prisonnière en refermant les yeux et se détournant comme pour dormir encore.

— Ce n'est pas la peine de la forcer à manger malgré elle, ma chère, bonne amie ; observa Vanderbum ; les deux petits Hollandais dévoreront bien les restes, ils sont assez affamés pour ça.

Au premier signal Quanonshet et Madoka-wandock se culbutèrent jusqu'à la table et engloutirent leur portion comme deux loups voraces.

Néanmoins, après les trois premières bouchées, les jeunes gloutons firent un temps d'arrêt et s'essuyèrent les lèvres, trouvant que le plat avait « un drôle de goût. » Vanderbum pensa défaillir en voyant sa femme faire la même remarque. Cependant, l'excès de sa frayeur lui communiqua un peu de courage.

— J'ai pris ces poissons dans une autre partie de la rivière, dit-il, en un endroit où il y a fond de vase ; c'est ce qui peut expliquer ce goût, s'il y en a ; d'ailleurs ils sont parfaitement frais.

Il n'en fallait pas davantage pour rassurer des convives affamés ; le repas recommença de plus belle ; bientôt il ne resta pas une arête.

Cependant le soleil déclinait vers l'occident ; le crépuscule splendide des régions Américaines enflammait le ciel de ses teintes pourprées ; la

nuit approchait... la nuit ! grosse de mystères et
d'horreur pour l'infortuné Vanderbum.

Jamais, dans sa grasse poitrine, son cœur ne
s'était livré à de telles palpitations ; jamais son
imagination n'avait poussé aussi loin l'exercice
de ses facultés. Le pauvre bonhomme en était
complètement démoralisé.

Ses regards ahuris, passant du ciel à son
wigwam, et de là, dans les espaces imaginaires,
semblaient chercher quelque signe mystérieux
qui le rassurât sur l'issue des événements. Posi-
tivement, la machine céleste lui paraissait dé-
traquée, et la nuit lui faisait l'effet d'être indéfini-
ment ajournée.

Cependant, la terre, — pour laquelle toutes les
créatures fourmillant sur son sein et leurs pas-
sions petites ou grandes sont des atômes bien
légers, — la terre tournait comme d'habitude, et
avec elle le crépuscule ainsi que la nuit. Peu à
peu, de pourpre, l'atmosphère devint grise ; de
grise, bleu sombre, ensuite obscure ; et chacun
songea au repos.

Quanonshei et Madokawandock furent les premiers embarqués sur le « fleuve des songes. » Se
jeter par terre, s'y rouler en rond comme de petits
chiens et s'endormir, fut pour eux l'affaire d'un
instant.

Hans Vanderbum, de son côté, pour accélérer
les événements, fit semblant de s'assoupir aussi,
mais il ne dormait que d'un œil, et ne cessait de
guetter chaque mouvement de sa femme.

Décidément la chance tournait en faveur de
Vanderbum ; au bout de quelques instants, la
squaw parut abasourdie, somnolente ; après avoir
erré au hasard en baillant, elle s'assit contre la
porte sans mot dire ; bientôt sa tête appesantie
s'inclina.., s'inclina vers la terre, le corps tout
entier la suivit ; Keewaygooshturkumkankingewock dormait ; disons mieux, elle ronflait comme une pédale d'orgue.

N'eut été cet aimable bruit, on aurait pu se
croire dans une chambre mortuaire, tant était
profonde l'immobilité et l'insensibilité des trois
dormeurs.

Vanderbum eut la patience féline d'attendre sans
bouger pendant plus d'une demi-heure. Ensuite
il vérifia la qualité du sommeil de chaque membre
de sa famille en allant et venant lourdement dans
la hutte. L'épreuve faite avec succès, il n'hésita
plus et s'approcha de miss Prescott.

— Attention ! lui murmura-t-il à l'oreille.

— Eh ! bien ! qu'y a-t-il ? fit-elle en se levant.

— Vous ne dormez pas, vous ?

— Non, je suis prête.

— Voilà le moment, il faut partir.

— Dorment-ils bien tous ; votre « Lys » et les
enfants ?

— Oui ! on les écraserait qu'ils ne s'éveilleraient
pas.

— Ne feriez-vous pas bien de donner un coup
d'œil au dehors pour voir si aucun danger ne
menace.

— Vous avez raison ; je vais voir.

En sortant, Vanderbum trébucha sur un bras
étendu de sa femme, mais elle ne se réveilla nullement, tant son sommeil était profond.

La cabane du gros Hollandais était établie sur
un emplacement élevé, extrêmement favorable
pour apercevoir tous les environs et en même
temps n'être vu d'aucun côté.

Vanderbum donna un coup d'œil, ne vit rien,
n'entendit rien ; et revenant jusqu'à la porte il fit
signe à miss Prescott de sortir. Celle-ci se hâta
avec mille précautions de le rejoindre : mais quand
elle sentit le vent de la nuit, — l'air heureux de
la liberté, — caresser ses joues pâles, elle faillit se
trouver mal d'émotion.

— Allons ! allons ! lui dit Hans en forme
d'encouragement, en route, tout va bien ; et si
vous voyez... Tonnerre et éclairs, voici venir un
Indien !

Au même instant, la jeune fille aperçut derrière
un bosquet une grande ombre noire qui s'avançait
rapidement. Par un instinct plus prompt que la
pensée, elle prit le parti le plus sage. S'élançant
dans la cabane, elle se coucha à côté de la squaw
et attendit dans une terrible anxiété.

— Comment allez-vous, frère ? demanda le nouveau venu, en langue Shawnee : Comment va Rayon-de-Soleil, la jolie prisonnière? ajouta-t-il en l'arrêtant.

— Très-bien : elle dort à côté de ma femme, dans le wigwam.

— Je sais qu'entre les mains de Keewaygooshturkumkankingewock elle est en sûreté, reprit le Shawnee, mais je veux la voir.

A ces mots, il mit le pied sur le seuil, avança la tête et regarda dans l'intérieur. D'abord, à cause de l'obscurité complète, il ne distingua rien ; mais, au bout de quelques instants, il aperçut les deux femmes étendues devant lui.

— Bon ! murmura-t-il avec précaution ; les Squaws dorment, il n'y a plus de *Rayon-de-soleil ;* c'est juste, il fait nuit.

Et l'Indien se mit à rire, satisfait de son jeu de mots.

Vanderbum lui fit écho, fort à contre-cœur.

Voyant que le gros Hollandais ne paraissait pas disposé à continuer la conversation, le Shawnee lui souhaita bonne nuit et s'en alla.

Mis Prescott, plus morte que vive, écouta anxieusement le bruit décroissant de ses pas ; lorsqu'elle n'entendit plus rien :

— Ah ! partons vite ! courons ! fit-elle avec égarement ; peut-être en viendra-t-il encore d'autres.

— Oui ! oui ! nous partons ; mais ne me poussez pas comme ça, vous me ferez tomber sur le nez.

— Mon Dieu ! si elle s'éveillait ! si on nous surprenait !

— N'ayez donc pas peur ! Elle en a pour jusqu'à demain, avant de s'éveiller. J'aurai moi-même le temps de faire un grand sommeil avant qu'elle ouvre les yeux.

— Prenez garde ! prenez garde ! mon bon ami ! ne tardons pas davantage ! insista vivement la jeune fille, fuyons, je vous en conjure !

— Ma's oui ! je prends garde ; mais oui ! nous partons ! Croyez-vous que je ne sois pas aussi pressé que vous, aussi intéressé à ne pas faire de

bruit, aussi exposé et davantage, même, si nous étions surpris !

— Oui, oui, mais...

— A la bonne heure ! je suis bien aise que nous soyons du même avis. Voyez-vous, j'ai connu une jeune fille, une bonne et jolie fille comme vous, elle se nommait Annie Stanton ; elle avait un ami, un ami loyal comme le lieutenant ; eh bien ! dans une affaire à peu près semblable à la nôtre, ils m'ont pris pour un sot et un ignorant, mais !..., ils ont reconnu plus tard qu'ils s'étaient rudement trompés.

— Mais sans doute, je vous crois bien !... Est-ce que nous ne pourrions pas marcher plus vite ?

— Diable ! je ne pourrais courir plus vivement.

— Au moins, de grâce ! ne parlons pas si haut !

— Vous avez raison : je ne soufflerai mot.

Sur ce, le gros Hollandais serra les lèvres pour rester plus consciencieusement silencieux ; mais cette partie des voies respiratoires se trouvant fermée, il en résulta la nécessité de souffler par les narines, et cela si bruyamment que le remède parut à Miss Prescott pire que le mal.

Alors elle essaya de le mettre à l'aise en l'excitant à parler ; mais Vanderbum devenu prudent à l'excès s'obstina à rester bouche close. Bien plus, il hâta le pas, soufflant, reniflant, suant plus fort que jamais, trébuchant à toute minute, et déployant dans tous ses mouvements la bruyante maladresse d'un jeune éléphant qui s'essayerait à marcher.

La masse oscillante de son énorme corps, vivement éclairée par la lune, projetait dans le sentier des ombres bizarres et monstrueuses, pareilles à celles d'un nuage en marche.

Évidemment l'évasion de Miss Prescott était protégée par une faveur toute providentielle, car on n'aurait pu imaginer un sauveteur plus stupide, plus lourd, plus impotent que cette masse de chair tremblottante qui répondait au nom de Vanderbum.

Peu à peu les deux fugitifs gagnèrent les bois,

et enfin purent se croire à l'abri de tout danger.

Mais, à peine avaient-ils fait un quart de mille que la jeune fille tressaillit en apercevant dans les broussailles la forme sombre d'un Indien.

Avec un affreux battement de cœur elle se cacha derrière son énorme compagnon, se demandant si elle ne ferait pas bien de chercher son salut dans une fuite désespérée.

Cependant Hans ne se troubla pas.

— C'est vous, Oonomoo? demanda-t-il.

— Oui, c'est moi, répondit une voix amie.

En même temps, l'œil perçant du Huron reconnut Mary derrière Vanderbum ; il fit un pas vers elle et lui adressa la parole avec cette douceur harmonieuse qui fait le charme des dialectes indiens.

— Mon amie est-elle effrayée?

— Oh non! Dieu merci; c'est vous mon bon, mon dévoué Oonomoo! murmura la pauvre enfant qui chancela sous le coup de sa vive émotion.

L'Indien la reçut dans ses bras avec la délicate affection d'un père.

— Eh ! je prendrai soin de vous, moi : *quelqu'un* ici près, que vous connaissez bien, veillera sur vous aussi...

Une autre ombre apparaissait en même temps; la jeune fille devina Canfield plutôt qu'elle ne le reconnut dans l'obscurité.

— Chère Mary ! quelle joie de vous revoir ! s'écria le jeune homme d'une voix étouffée par l'angoisse qui l'avait dévoré jusqu'alors ; chère! oh! bien chère! êtes-vous souffrante?

— Je suis bien! très-bien! répondit miss Prescott revenant à elle. Comment va mon cher père où sont ma mère, ma sœur Hélène?

— Votre père était en parfaite santé, lorsque je l'ai quitté, il y a quelques jours. Il ignorait la terrible catastrophe et l'ignore peut-être encore. Je n'ai pas vu votre mère ni votre sœur, et ne sais rien à leur sujet; tout me porte à croire qu'elles doivent être bien en peine.

— Oh! c'est vrai! quand donc pourrai-je être auprès d'elles? Je vous en supplie...!

— Aïe! aïe! je m'endors! s'écria Vanderbum.

— Vous avez pris de la drogue? demanda Oonomoo.

— Oui, et beaucoup plus que ma femme encore!

— Alors, sauvez-vous vite, rentrez chez vous; le sommeil vous surprendrait en route, vous ne pourriez plus vous éveiller.

— Oui! je cours.

Avant qu'on lui eût répondu, Hans aiguillonné par la peur de se trouver endormi avant d'arriver chez lui, courait, trébuchait à travers bois, avec une diligence inouïe.

Sa promptitude le déroba aux remerciements de Canfield et de miss Prescott qui se disposaient à lui témoigner toute leur reconnaissance.

Du reste, il était grandement temps que le bonhomme cherchât son salut par la fuite, car la drogue soporifique précipitait son influence sur un sujet aussi bien préparé que lui naturellement Sa retraite, toute hâtive qu'elle fût, ne s'effectua pas sans les plus grands efforts: il tomba au moins vingt fois pendant le trajet, un cercle de plomb lui paraissait peser sur sa tête, un voile couvrait ses yeux, il ne savait plus ce qu'il faisait et arriva à son wigwam, comme par miracle. Là, il roula sur le sol à côté de sa femme et s'abandonna au repos qu'il avait si bien gagné.

Comme on pouvait s'y attendre, la squaw se réveilla la première, mais ce ne fut pas de bonne heure.

L'après-midi du lendemain était fort avancée lorsqu'elle parvint, non sans peine, à ouvrir ses yeux dont les paupières semblaient collées l'une à l'autre. Il lui fallut plusieurs minutes pour se remettre de sa torpeur et rentrer en possession de toutes ses facultés.

Les premiers regards qu'elle promena autour d'elle, lui montrèrent gisants par terre les corps, en apparence inanimés, de ses enfants et de son mari...

Et... horreur des horreurs! la captive avait disparue !

Il n'en fallait pas tant pour réveiller complète-

Le lieutenant Canfield.

ment l'irascible squaw; avec un cri horrible elle bondit sur ses pieds, secoua rudement Vanderbum sans parvenir à lui faire faire un mouvement, lui hurla aux oreilles sans plus de succès; enfin, furieuse, hors d'elle, poussant d'affreuses clameurs, elle se mit à parcourir le village, ameutant les Shawnees, et s'efforçant de leur communiquer une ardeur égale à la sienne.

En un instant toute la peuplade fut soulevée, et entoura la maison de Vanderbum pour en explorer les environs.

Le gros Hollandais avait entr'ouvert un œil pour reconnaître la situation : mais il l'avait refermé bien vite, préférant laisser passer l'orage, et réfléchir aux réponses qu'il allait être obligé de faire.

Bientôt la foule s'amassa autour de lui, en l'appelant avec rage : comme il ne répondit rien d'abord, on lui accorda une libérale distribution de coups de pieds et autres horions. Enfin, au moment où il se sentit enlevé par les cheveux, il ouvrit ses gros yeux bleu-faïence, et promena d'un air innocent des regards étonnés autour de lui.

— Où est la fille ? Où est la prisonnière face-pâle ? lui demanda-t-on de tous côtés, sa femme criant plus fort que tous les autres.

— Eh donc ! là, dans le coin, fit-il le plus naturellement du monde, en désignant sa place habituelle. — Mais... Tonnerre et éclairs ! non ! elle n'y est pas ! s'écria-t-il en constatant son absence.

— Vous l'avez laissé échapper cette nuit. Je

vous ai vu levé, rôdant devant votre wigwam au moment où la lune éclairait; vociféra le Shawnee avec lequel il avait fait une courte conversation et qui avait voulu vérifier la présence de la prisonnière.

— Mein Gott! ce huron Oonomoo l'a enlevée! Der Teusel!!

Le nom du fameux batteur d'estrade était bien connu, il souleva une explosion de hurlements furieux.

Vanderbum comprit aux regards jetés de son côté qu'on attendait encore d'autres explications.

— J'ai rencontré le Huron, la nuit dernière, continua-t-il; il m'a donné je ne sais quoi, en me disant que c'était délicieux pour accommoder le poisson. Moi, sans aucune méfiance, j'ai accepté, et j'en ai mangé; nous en avons tous mangé : mais ensuite nous avons tous été saisis par le sommeil, Keewaygoosturkumkankingewock, Quanonshet, Madokawandock et moi : et voilà qu'en nous réveillant, nous ne trouvons plus la jeune fille!!

Ce petit speech fut débité avec la bonhomie stupide et sans fard qui caractérisait le gros Hollandais. En cette circonstance, bien lui en prit d'avoir la réputation d'un imbécile; on le jugea incapable d'imaginer un tel mensonge, et on le crut sur parole. Aussitôt les sauvages s'élancèrent dans toutes les directions pour reconnaître les traces d'Oonomoo; mais après quelques investigations inutiles, ils renoncèrent à toute poursuite : en effet, le sol était tellement piétiné que toutes les empreintes de pas se confondaient réciproquement.

Cependant quelques Shawnees se montrèrent moins crédules, et, après avoir réfléchi quelques instants, firent l'argument qu'on va voir :

— Oonomoo le huron est un courageux Indien, mais il ne peut entrer dans une hutte sans que la porte en soit ouverte. Notre frère au visage-pâle pourrait bien...

Ils n'en purent dire davantage : la Squaw bon-

dit sur eux comme un chat sauvage dont on inquiète la progéniture.

— Vous dites que mon brave Hans a laissé échapper la jeune fille, hein? Ah! mes braves guerriers! je vais vous arranger!...

Et elle leur sauta aux yeux avec une telle furie que les curieux se hâtèrent de disparaître : on n'en entendit plus parler.

Quand la terrible femme avait trouvé une occasion favorable pour se dégonfler, il y avait quelquefois chez elle un moment d'expansion tendre, ce fut ce qui lui arriva : une fois les indiscrets en fuite, elle revint aimablement à son mari :

— Mon cher Hans!

— Ma chère, ma bonne Keewaygooshturkumkankingewock! mon Lys toujours adorable!

Et les deux époux s'embrassèrent avec toute la ferveur de leurs premières amours.

Nous pensons être agréable au lecteur en terminant le chapitre à ce riant tableau.

CHAPITRE IX

DANGER IMPRÉVU

La nuit avançait; la lune, inclinée vers l'occident, cédait la place aux premières lueurs de l'aube.

Pendant toute la durée de cette demi obscurité il était presque impossible aux Shawnees de découvrir les traces des fugitifs. Le Huron, toujours sur ses gardes, profita de ces heures favorables pour hâter la marche, se dirigeant droit vers le settlement.

Quand vint le grand jour, la petite troupe avait gagné du terrain; douze milles, au moins, étaient entre elle et le village ennemi; on pouvait se croire hors de tout péril.

Oonomoo, comme d'habitude, guidait la marche, modérant délicatement son pas sur l'allure de miss Prescott que suivait de près le triomphant Caton.

— Dites-moi donc, Oonomoo, demanda Canfield à voix basse, verriez-vous quelque inconvénient à ce que miss Prescott et moi fissions un petit bout de conversation ?

— Non — soyez sans crainte — parlez doux — parlez l'amour — si bien que la jeune fille seule vous entende — la jeune fille parlera doux et bas, si bien que votre oreille seule l'entendra, répondit le Huron avec un amical sourire.

Le jeune lieutenant, sans perdre une seconde, se plaça à côté de sa fiancée, et serrant sa main qu'elle lui abandonnait bien volontiers, se mit à causer avec elle.

— Parlez moi, chère Mary, de votre captivité ; racontez-moi tout ce qui vous est arrivé depuis cet affreux désastre.

La jeune fille lui donna tous les détails demandés : plus d'une fois elle sentit frissonner la main du jeune homme dans la sienne :

— Sans l'affectueuse bonté de Vanderbum, et le dévouement d'Oonomoo, ajouta-t-elle, je n'aurais jamais pu espérer de revoir ceux que j'aime.

— Le Hollandais est fort stupide, mais honnête et brave cœur. Quant à Oonomoo, il est à jamais notre ami, sa noble conduite nous le rend bien cher : je lui dois le plus grand bonheur de ma vie.

— Mais, demanda la jeune fille, quel motif l'a poussé à risquer ainsi sa vie pour moi ?

— Sa généreuse nature, ses bons sentiments religieux : chose rare chez un Indien, il appartient à la foi chrétiennne. Depuis longtemps, il est en bonnes relations avec les Blancs : il a rendu à l'armée de grands services. J'ai entendu dire que son inimitié avec les Shawnees date de loin : son père était un chef riche et heureux ; pendant l'enfance d'Oonomoo, les Shawnees massacrèrent inhumainement toute sa famille ; seul il s'échappa et grandit dans les bois, comme un petit louveteau. Très-jeune encore, il commença à faire aux ennemis de sa race une guerre

mortelle : vous ne pourriez imaginer les quantités de chevelures scalpées qui ornent sa cabane ; il y en a des monceaux. Mais depuis deux ou trois ans, une douce influence l'a calmé, il ne tue qu'en combat loyal.

— Quelle influence voulez-vous dire ?

— Sa femme : une pieuse créature, chrétienne depuis son enfance qui, avec son jeune fils, habite une hutte cachée dans des retraites inaccessibles, et que personne ne connaît. Jamais les Shawnees n'ont pu la découvrir ; ce n'est pas faute d'avoir cherché.

— Mon père récompensera bien ces braves gens.

— Ne leur offrez rien, ils refuseraient : Oonomoo a un cœur de prince, jamais il n'a acccepté de rémunération pour ses services. Croyez-vous que j'aie attendu ce moment pour chercher à lui témoigner ma reconnaissance? ajouta Canfieldt en serrant tendrement la main de sa fiancée.

— Ah! je suis trop heureuse! vraiment. Ma pauvre bonne mère, ma chère sœur vont être bien consolées ! ont-elles dû souffrir pendant quelques jours !

— Peut-être n'ont-elles rien su.

— Mais vous avez aperçu les lueurs de l'incendie ; néanmoins vous étiez beaucoup plus éloigné qu'elles.

— C'est vrai ; mais je n'avais pas la moindre idée que c'était votre habitation qui brûlait. Je suppose que votre mère ne se sera pas doutée de l'affreuse réalité, d'autant moins qu'elle était accoutumée à croire les Indiens amis des blancs.

— En tous cas, reprit la jeune fille avec un soupir de satisfaction, nous allons bientôt les consoler ; mais, mon père, il doit aussi être dans des transes horribles ; comment le rassurer ?

— Il n'est pas impossible que nous le trouvions réuni à toute votre famille ; quand je l'ai quitté, on parlait d'une excursion sur le territoire que vous habitiez.

— Quelle a dû être son affliction en voyant notre demeure détruite !

— Tout cela n'est rien, auprès du sort de sa fille chérie !

— Et nos pauvres serviteurs ! oh ! quel horrible spectacle de les avoir vus tomber sous le tomahawk en criant merci !

— Caton m'a parlé de ce désastre ; il m'a dit aussi le généreux courage avec lequel vous demandiez grâce pour les victimes, sans songer que votre propre existence était en péril.

— Je ne faisais que remplir un devoir, hélas ! malgré mon impuissance ; deux pauvres créatures seules ont échappé à ce désastre, grâce à la Providence, c'est moi et ce timide Caton.

— Quelle discussion avez-vous relativement à mon nom ? demanda sans façon le nègre, qui avait saisi deux ou trois mots de la dernière phrase.

— Pas de bruit ! interrompit péremptoirement Oonomoo.

— Ciel ! Bon Dieu ! Ils parlent bien, eux deux ! je ne peux donc pas glisser une petite observation dans leur conversation ?

— Ils s'aiment — ils parlent doux — vous, noir, vous n'êtes pas amoureux.

— Oui, c'est la seule différence. Si vous le voulez, je renoncerai à parler, et à faire aucune remarque ; mais avant de finir, je vous dirai, Onyomoo, que vous êtes un rude et habile garçon, dont le petit doigt est plus savant que tous les Shawnees ensemble. — A présent je ne dirai plus un mot.

Sur ce, le nègre resta muet.

Canfield et miss Mary prolongèrent pendant plus d'une heure leur innocent babillage, parlant si bas que le bruit de leurs paroles n'arrivait que comme un murmure aux oreilles du Huron : à la fin, la marche devint plus pénible, le bois plus impraticable : tout absorbés par les fatigues de la fuite, les deux amoureux cessèrent de causer.

La petite caravane continua ainsi sa route en silence, jusqu'au moment où elle atteignit une sorte de clairière dont les arbres paraissaient avoir été balayés par un tourbillon.

En y arrivant, on aperçut au clair de la lune un indien debout sur un tronc renversé. Vu de loin, par un effet du mirage de l'ombre, il semblait

de taille gigantesque, mais en approchant on reconnut que c'était un enfant. Il était dans l'attitude de l'observation et de l'attente.

Oonomoo, dédaignant de se servir du fusil contre un si faible adversaire, s'arrêta pour l'examiner : tous ses compagnons firent de même, surtout Caton dont les machoires claquèrent aussitôt de terreur.

L'enfant, après une seconde d'hésitation, bondit comme un feu follet et disparut dans le fourré.

Il y avait, dans sa tournure, quelque chose qui frappa l'attention du Huron. Avant d'en venir aux armes, il fit entendre un sifflement doux et tremblant. A l'instant, un sifflement pareil lui répondit, et l'enfant reparut tout près d'Oonomoo.

— Niniotan ! fit ce dernier.

— Oui.

— Que faites-vous si loin dans les bois ?

— Les Shawnees ont découvert la demeure d'Oonomoo.

— Flwellina où est-elle ? demanda éperdument Oonomoo qui chancela comme frappé de la foudre.

— Elle a fui dans les bois en attendant Oonomoo.

— A-t-elle envoyé Niniotan le chercher ?

— Oui ; depuis ce matin, Niniotan vous cherche dans la forêt.

— Quand Flwellina et mon fils ont-ils été obligés de quitter leur retraite de l'île ?

— La nuit dernière, un peu après le lever de la lune : nous avons pris le canot, et nous étions bien loin lorsque le matin est venu.

— A quel moment avez-vous vu les Shawnees ?

— Avant-hier, après votre départ ; ils sont arrivés dans un grand canot plein de guerriers. Cachés dans les broussailles, nous les avons vu passer derrière les arbres, ils nous ont cherchés jusqu'à la nuit.

— Où est cachée Flwellina ?

— Au bord du courant qui passe derrière l'île, à plusieurs milles plus loin.

— Combien de temps faudra-t-il à Niniotan pour y conduire Oonomoo.

— Quatre ou cinq heures : la route est facile.

— Les Shawnees sont-ils sur la piste de Flwellina ?

— Si l'œil d'un Shawnee peut suivre sur l'eau la trace d'un canot, ils ont pu la trouver ?

Cette rapide conversation ayant eu lieu en idiome Huron, aucun des auditeurs n'avait pu le comprendre.

Canfield, aux mouvements nerveux et aux traits altérés d'Oonomoo, avait bien reconnu qu'il s'agissait de quelque événement extraordinaire. Jamais il ne l'avait vu dans un tel état d'agitation, sa voix avait des frémissements terribles.

Le lieutenant resta à l'écart jusqu'à ce que le Huron se tournant vers lui, l'appelât et lui dit :

— Voilà mon fils Niniotan ; il vient avec nous.

— Je suis bien aise de le voir, je vous assure. Vous attendiez-vous à le trouver ici ?

— Non. Flwellina, sa mère, l'a envoyé en toute hâte chercher Oonomoo : Il nous a cherchés tout le jour, et ne nous a trouvés qu'ici.

— Vous apporte-t-il quelque mauvaise nouvelle ?

— Je vous dirai plus tard : — pour le moment, allons vite! allons vite!! arrivons au settlement le plus tôt possible. Prenons la jeune fille par la main pour la conduire plus vite.

Le jeune officier commença dès ce moment à soupçonner une partie de la vérité, mais n'osant faire aucune question, il se hâta d'obéir, prit la main de miss Prescott, et l'entraîna le plus rapidement qu'il pût.

Il ne comprenait pas la cause du silence gardé par le Huron : il ne soupçonnait point que ce noble cœur se taisait pour n'être point sollicité par ses amis, de les quitter en toute hâte, et de courir où son cœur l'appelait.

L'indien ne voulait pas abandonner ses protégés jusqu'à ce qu'il les eût mis en sûreté.

Pendant huit heures on marcha avec une précipitation désespérée : miss Prescott supportait cette épreuve mieux qu'on n'aurait pu l'espérer : Forte, pleine de courage, accoutumée aux courses et à la fatigue par ses habitudes de jeunesse, elle se faisait un jeu de courir à travers bois, surtout en songeant qu'elle fuyait la captivité. Son sang généreux bouillait dans ses veines, l'élastique vigueur de la santé, l'animation d'un bonheur inespéré ; tout contribuait à entretenir ses forces et son courage ; elle n'était point lasse lorsque le Huron fit faire halte.

Le soleil venait de se lever ; on n'était plus qu'à deux ou trois milles de l'habitation du capitaine Prescott ; le settlement voisin était très proche, par conséquent.

Oonomoo avait tué un coq sauvage ; en quelques minutes il eut allumé du feu pour le faire cuire. Bientôt le rôti fut prêt, et cette fortifiante nourriture ranima tous les fugitifs.

Canfield remarqua que le Huron et son fils mangèrent seulement une ou deux bouchées : cette circonstance le confirma dans la persuasion que l'enfant avait apporté de mauvaises nouvelles. Néanmoins il s'abstint de rien demander, sachant parfaitement que l'Indien ne voudrait rien dire avant l'heure.

Ils finissaient leur dernière bouchée, lorsque Oonomoo et Niniotan se dressèrent sur leurs pieds, l'oreille tendue.

Après avoir écouté un instant :

— Quelqu'un vient, dit Oonomoo.

— Ciel ! Bon Dieu ! encore des Indiens ? demanda Caton cherchant un trou pour se cacher.

Aux regards interrogateurs de l'officier et de la jeune fille, le Huron répondit :

— Pas Indiens — marche trop pesante — hommes blancs.

— Ce sont probablement des amis! s'écria la jeune fille en sautant et battant des mains joyeusement.

— Ils arrivent — vous allez voir.

La marche uniforme et retentissante d'une troupe armée se faisait entendre ; bientôt elle se rapprocha, une voix forte se fit entendre :

— Par ici, enfants ! nous avons encore une rude course avant d'arriver à cette infernale ville indienne.

— Votre père ! sur ma vie ! murmura Canfield à la jeune fille debout auprès de lui.

A la même minute apparaissait au travers des feuillages l'uniforme bleu d'un officier de l'armée fédérale ; la haute stature du capitaine Prescott se dessina en tête d'un détachement.

— Holà ! hô ! que voyons-nous là ? s'écria-t-il joyeusement en donnant un coup d'œil à la petite troupe des fugitifs : voilà Canfield ! aussi sûr qu'il fait jour : Et si ce n'est pas ma petite Mary, je perds mon nom ! Ah ! voici Oonomoo, le plus galant homme rouge qui ait touché la détente d'une carabine, avec lui une *édition-pocket* de lui-même ; et ce butor de Caton aussi ! — Dans les bras de votre père, fillette ! venez l'étouffer un peu !

Le brave capitaine affectait de plaisanter pour dissimuler son émotion ; mais, au fond de son sourire, il y avait des larmes qu'il se hâta de cacher dans la noire chevelure de sa fille.

La pauvre enfant fondit en pleurs dans les bras de son père, sans pouvoir murmurer d'autres paroles qu'un fervent remerciement au ciel.

Les soldats restés en arrière, — tous de rudes militaires bronzés par vingt batailles et par le vent du désert, — s'enfonçaient les poings dans les yeux pour y retenir une larme inaccoutumée.

— Ma mère et ma sœur vont bien ? demanda miss Mary en relevant la tête pour dévorer son père du regard.

— Oui, mais elles sont cruellement inquiètes de toi.

— C'est tout détruit chez nous, pour toujours.

— Qu'importe, mignonne ? tu es retrouvée ! le reste n'est rien.

— Mais, nos infortunés serviteurs ! tous massacrés, excepté ce pauvre Caton !

— Ah ! oui c'est affreux ! c'est une chose terrible ! Je pleure sur eux, les pauvres misérables ! — Mais j'ai retrouvé ma fille ! j'ai retrouvé mon enfant !

Et, transporté de joie, le capitaine pressa tendrement Mary sur la poitrine.

— Mais que fais-je ? reprit-il tout-à-coup en promenant ses regards autour de lui ; je ne parle à personne. Lieutenant, permettez-moi de vous féliciter de l'heureuse issue de cette catastrophe ; grâce à vous, sir, il n'y a pas de deuil dans la famille. Le ciel vous récompensera, mon jeune ami ; et nous tâcherons de le devancer un peu, nous, sur la terre, ajouta-t-il avec un jovial sourire à l'adresse de sa fille.

La gaîté du brave capitaine se communiqua à tous ses compagnons ; chacun sourit, les visages s'épanouirent.

— Ah ! oui, l'issue est heureuse ! bien heureuse ! répondit Canfield, et j'en remercie Dieu. Mais par quel heureux hasard vous trouvez-vous ici, capitaine ? ajouta-t-il en secouant cordialement la main qui s'était étendue vers lui.

— Ah ! à propos, je ne vous ai pas expliqué cela. Figurez-vous, lieutenant, que deux heures ne s'étaient pas écoulées depuis votre départ lorsque le général m'a envoyé l'ordre de changer de garnison pour venir m'installer au *Block-House* du settlement où se trouvaient ma femme et ma fille en ce moment. Je n'ai été nullement fâché de recevoir cet ordre ; et je suppose qu'il n'a rien de déplaisant pour vous, n'est-ce pas, lieutenant ?

— Ah ! certes, rien ne pouvait m'être plus agréable, répliqua le galant officier qui ne put s'empêcher de rougir en se voyant le point de mire de tous les regards.

— Enchanté de vous trouver de mon avis ! enchanté vraiment ! Alors, sir, vous comprenez, je suis parti au plus vite, doublant, triplant les étapes pour vous atteindre : mais bast ! j'aurais eu plus de succès si j'avais couru après mon ombre ! les amoureux ne marchent pas, ils volent. Je suis arrivé hier au settlement : en entrant, je reçois à bout portant cette nouvelle que ma maison est incendiée, et que ma douce petite Mary est prisonnière ou tuée... Cela m'a fait bien du mal, ajouta le capitaine après avoir gardé un instant le silence, j'ai cru que j'en perdrais la tête. D'autant mieux qu'on ne pouvait douter de ce désastre ; quelques hommes du settlement étaient venus inspecter les lieux et s'assurer de la triste vérité

Mais, restait encore une chose inconnue, et c'était la plus importante ; Qui avait fait le coup ? Ce n'était pas chose facile à savoir tout d'abord ; mais en cherchant un peu, nous avons trouvé, et alors mon plan a été bientôt fait. J'ai demandé une douzaine de volontaires, il en est venu cent ; et je n'ai eu que l'embarras du choix. J'ai pris de vieux chasseurs, trappeurs, settlers, qui connaissent à fond la guerre indienne, et qui savent par cœur tout le pays. Ce sont des phénix, mon cher lieutenant, des hommes impayables, des braves à tout poil. Vous voyez ce grand garçon qui a une bouche fendue jusqu'aux oreilles et des yeux en têtes d'épingle ; il prétend que depuis dix-sept ans il toujours mangé de l'Indien cru pour son déjeuner, et que sa santé dépérirait s'il discontinuait ce régime. Du reste, c'est presque un sauvage, avec sa longue chevelure noire ; et s'il passe encore quelques mois sans se lessiver le visage on jurera qu'il est peint en guerre. Cet autre qui se balance sur ses jambes à côté de lui ; vous voyez son nez retroussé comme celui d'un Bull-dog, ses pieds qui ressemblent à des nageoires ; il affirme être composé de quatre sortes d'animaux ; le cheval, l'Alligator, le chat-sauvage, et la Panthère. Les autres sont tous du même acabit ; vous comprenez que je devais avoir bonne espérance pour l'issue de mon expédition. Je suis presque jaloux que vous m'ayez devancé.

La gaité du capitaine Prescott était communicative ; chacun se mit à rire du plaisant tableau qu'il faisait de sa troupe.

— Oui, continua-t-il, je les garantis de bonne étoffe ; une seule imperfection, c'est qu'ils ne sont pas ferrés sur l'exercice ; et quand je commande : en avant ! ils veulent tous être au premier rang. Mais, dans les bois, la manœuvre n'est plus la même qu'à une revue ; je leur pardonne volontiers et je ne leur demande rien de plus que leurs instincts naturels. A propos, je n'ai encore rien dit à ce brave Oonomoo, mon brave éclaireur, la fleur de mes braves.

A ces mots le capitaine se tourna du côté où le Huron et son fils étaient tristement muets et immobiles ; il saisit la main d'Oonomoo :

— Mon ami, lui dit-il, recevez tous les remerciements d'un père plein de reconnaissance pour vos bons services. Vous avez sauvé ma fille ; jamais je ne pourrai m'acquitter envers vous.

— Capitaine, répliqua le Huron d'une voix brève et saccadée ; les Shawnees ont découvert la hutte d'Oonomoo — sa femme fuit devant eux dans les bois — Oonomoo doit partir.

— Dieu nous bénisse ! s'écria le capitaine ; voici un noble cœur qui gémissait là en silence, pendant que je bavarde depuis une demi heure ; ah ! j'en suis outré ! Votre femme est en danger, mon ami ? Cette infernale racaille des Shawnees a encore fait de siennes ! — Camarades ! qui veut partir de suite, et courir à l'aide d'Oonomoo ?

Tout le détachement ne poussa qu'un cri :

— Allons ! ! !

— Capitaine ! ajouta un géant roux, en montrant son rifle ; mon nom n'est pas Tom Lamock si je n'écrase pas, à coups de crosse, une nichée d'Indiens, jusqu'à en faire de la chair à pâté ! Allons, Oonomoo !

— Et moi, dit un autre ; je ferai, avec leurs têtes cassées, le même bruit qu'avec un sac de noix.

— Moi, ce sera l'heure de mon déjeuner... je ne dis que çà...

— Silence, sacripants ! hurla le capitaine ; vous nous faites perdre un temps précieux ! — Lieutenant Canfield, nous sommes proches du settlement, vous allez, je vous prie, y conduire ma fille, pendant que nous allons faire le coup de feu avec Oonomoo.

— Je proteste chaudement contre cette décision ! s'écria le jeune officier ; je crois qu'il n'y a plus aucun danger à craindre pour miss Prescott ; elle me pardonnera, j'espère, de la quitter en cette occasion et de la confier à la garde de Caton. Quant à moi, je ne puis me décider à laisser Oonomoo partir sans moi : je lui dois plus que ma vie, je ne veux pas, certes, rester en arrière.

La proposition du lieutenant fut acclamée avec enthousiasme. Seulement le capitaine Prescott, pour prévenir l'ombre même d'un danger, chargea un de ses hommes en qui il avait toute confiance, de faire escorte à sa fille.

— Et maintenant, dit-il à Oonomoo, tout est arrangé, nous sommes prêts à vous suivre.

— Allons vite, donc! — Oonomoo ne peut attendre — suivez sa trace.

Au même instant son fils et lui bondirent dans le fourré et disparurent comme deux éclairs.

— Dieu me bénisse! dit en riant le capitaine, voilà une originale façon de servir de guide; nous ne voyons plus rien!

— Le péril couru par sa femme est tellement urgent, répondit Canfield, qu'il n'a pas le loisir de s'attarder avec nous : vos hommes reconnaîtront facilement sa trace, qu'il aura soin de rendre visible le plus possible ; et, en nous hâtant, nous arriverons peut-être assez tôt pour prévenir des scènes terribles et sanglantes. Quand je pense que ce pauvre malheureux a eu le courage de rester auprès de nous, alors que tant de motifs urgents l'appelaient au loin, je suis confondu de son héroïque dévouement, et je brûle de l'en récompenser autant que nous le pourrons.

— Noble cœur! noble ami! murmura le Capitaine; nous lui devons beaucoup. Allons, enfants! sans perdre une minute. Vous connaissez les bois mieux que nous ; que l'un de vous se tienne avec moi, qu'un autre guide le détachement, et ne dévions pas d'une ligne, sans cela nous perdrions la piste.

Aussitôt la petite troupe s'élança sur les traces laissées par le Huron.

CHAPITRE X

DERNIERS COMBATS

Niniotan courait dans les bois avec la rapidité d'un chevreuil, suivi de près par son père. Rien n'arrêtait leur marche rapide, et ils glissaient au travers des plus épais fourrés comme d'agiles bêtes fauves.

Le jeune homme balançait un rifle dans sa main droite avec la force et l'aisance d'un guerrier ; sa démarche se soutenait aussi ferme et prompte qu'au départ, comme s'il eut été insensible à la fatigue. Ses yeux noirs, dilatés par la douleur et l'effroi, sondaient d'un regard brûlant le lointain horizon.

Aucune parole ne fut prononcée entre eux ; le bruit seul de leur respiration haletante se faisait entendre.

Le visage d'Oonomoo n'avait point quitté son expression habituelle de tristesse grave et résignée, et il aurait été difficile de découvrir dans sa physionomie quelques vestiges des sentiments déchirants qui bouleversaient son âme. Seulement une sorte de nuage sombre voilait ses yeux ; ses lèvres étaient serrées ; ses doigts nerveux s'imprimaient dans le bois de sa carabine.

En moins d'une heure, les deux Indiens eurent dévoré l'espace qui les séparait de la hutte. Mais, arrivé là, au lieu de prendre la route ordinaire, Niniotan se détourna à gauche, jusqu'à un *creek* (ruisseau) dont le courant était moins rapide. Après en avoir suivi le bord quelques instants, il retira un canot de dessous les herbes, le mit à flot et sauta dedans avec son père. Aussitôt la légère embarcation vola sur les flots, enlevée par les avirons que les deux Indiens manœuvraient avec une frénétique vigueur.

Abritant rapidement sa femme derrière un arbre, et se plaçant près d'elle. (Page 66.)

Un demi-mille plus loin, ils s'engagèrent dans un autre ruisseau, puis gagnèrent une nappe d'eau dormante dont la profondeur diminuait jusqu'à la rive, si bien que le canot lancé comme une flèche vint glisser sur la plage jusques hors de l'eau.

Alors Niniotan s'élança hors du canot, et, avec son père, s'enfonça dans un impénétrable fourré. Là ils s'arrêtèrent.

— Fiwellina est restée ici, dit le jeune homme en cherchant des yeux autour de lui.

Oonomoo fit entendre le signal habituel, un sifflement doux et tremblant : il ne reçut pas de réponse. Une seconde fois, il le renouvela après avoir longtemps attendu : puis, il passa un temps considérable dans le silence. Enfin, après avoir fait un troisième appel infructueux, il allait s'enfoncer dans les broussailles pour continuer ses recherches, lorsque son oreille exercée entendit comme un frisson dans les feuilles ; l'instant d'après, sa femme était auprès de lui.

Ni l'un ni l'autre ne prononça une parole ; ils s'embrassèrent tendrement ; ensuite Fiwellina recula d'un pas, et dit :

— Les Shawnees sont sur ma trace.

Oonomoo songea aussitôt aux diverses chances de salut. Avec son instinct de guerrier sauvage, il comprit que l'ennemi était en force considérable, et qu'une lutte serait tout-à-fait inégale, impossible même. Le meilleur plan à suivre était donc de battre en retraite du côté par où devant arriver le capitaine Prescott avec ses hommes.

Ce fut le parti que prit Oonomoo. En venant, il avait laissé sur sa route des traces très-apparentes de son passage : ses amis blancs ne pouvaient manquer de les reconnaître ; leur arrivée était proche.

Il regagna donc le canot, y déposa soigneusement Fiwellina ; Niniotan et lui s'installèrent auprès d'elle ; puis ils lancèrent leur embarcation avec une vitesse effrayante. Peu d'instants après, ils avaient regagné le lieu d'embarquement ; Oonomoo enleva Fiwellina dans ses bras, sauta à terre suivi de Niniotan, et tous trois s'élancèrent à travers le bois.

Au même instant, un bruit suspect frappa les vigilantes oreilles du Huron. Il sonda les environs du regard, mais il ne put rien voir ; il n'en resta pas moins convaincu que l'ennemi était proche.

Sans s'arrêter une seconde, il continua sa marche tenant Fiwellina serrée derrière lui, Niniotan protégeant la retraite.

Plusieurs coups de feu résonnèrent : Oonomoo, qui s'était aussitôt jeté au-devant de sa femme, sentit les balles lui sillonner les chairs, et son sang coula par plusieurs blessures.

Fuir devenait impossible ; Oonomoo accepta la bataille en brave.

Abritant rapidement sa femme derrière un arbre et se plaçant près d'elle, il fit signe à Niniotan de chercher aussi un abri :

— Niniotan, lui dit-il, prouvez que vous êtes un guerrier, le digne fils d'Oonomoo le Huron !

Prompt comme la pensée, le jeune homme se se blottit derrière un tronc renversé, et fit feu en même temps que son père. Un double hurlement d'agonie s'élevant du milieu des Shawnees attesta que les messagers de mort n'avaient point manqué leur but. Tous deux rechargèrent leurs armes et attendirent.

Les deux premiers guerriers qui s'avancèrent tombèrent lourdement sous le feu des deux fugi-

tifs : l'un avait la poitrine trouée par la balle de Niniotan ; l'autre, la tête fracassée par celle d'Oonomoo. Alors, laissant tomber son fusil inutile, le Huron se redressa devant sa femme, tenant d'une main le tomahawk, de l'autre, le couteau.

C'était un spectacle terrible : tout autour, la meute hurlante des Shawnees dont le cercle se rétrécissait ; au milieu, le brave fugitif ferme comme un rocher, les pieds dans le sang répandu par ses blessures, mais toujours redoutable. Dans ses yeux s'était allumée une flamme terrible ; sa noble tête redressée se rejetait en arrière avec son corps pour se préparer à prendre élan. La main droite levée, prête à frapper, la main gauche étendue pour protéger sa femme, Oonomoo se présentait à la bataille dans une attitude héroïque et redoutable.

A ses pieds, Fiwellina agenouillée priait, la pauvre femme, moins pour elle que pour ceux qu'elle aimait et qui s'exposaient les premiers à la mort.

Un peu en arrière, Niniotan, toujours caché, faisait feu sans relâche, et à chaque coup abattait un Shawnee.

Mais c'était surtout à Oonomoo que s'attaquaient ces derniers : néanmoins ils ne s'avançaient qu'avec un frisson de terreur.

Un Shawnee de taille gigantesque bondit en avant avec un hurlement de rage : Oonomoo balança son tomahawk et le lança. La lame brillante étincela en tournoyant dans l'air, le Shawnee tomba comme une masse ; l'arme meurtrière l'avait atteint au milieu du visage et lui avait littéralement fendu la tête. Des clameurs terribles accueillirent cette chute : tous les assaillants fondirent sur le Huron comme une avalanche.

Oonomoo les reçut à la pointe de son couteau avec lequel il décrivit un cercle sanglant : quatre Shawnees tombèrent, fauchés comme des roseaux ; le reste recula. Cet adversaire, semblait jouer avec la mort et lancer la foudre autour de lui. Pour l'aborder, il fallait trébucher sur les cadavres dont il s'était fait un rempart.

Un second assaut fut tenté: trois Shawnees tombèrent encore: l'un d'eux avait la tête presque entièrement séparée du corps; l'autre la poitrine ouverte jusqu'au cœur; le troisième avait les nerfs des jambes tranchés.

Alors on vit les vingt-cinq ou trente lâches qui survivaient, se retirer à quinze pas, se mettre en ligne et fusiller de là celui dont ils n'osaient plus approcher.

Quand la fumée des rifles fut dissipée, ils regardèrent avec effroi le redoutable Huron; il était encore debout, mais chancelant. Un voile de sang ruisselait sur ses yeux; à ses pieds, Flwellina atteinte aussi de plusieurs balles, était étendue sur le sol rouge et humide.

Les Shawnees restèrent immobiles, effarés, attendant en silence le moment où tomberait le guerrier assassiné mais non vaincu.

Oonomoo passa une main sur son visage et essuya ses paupières déjà appesanties par l'agonie. Dès que ses yeux purent distinguer quelque chose, ils cherchèrent sa femme et la virent gisante.

Alors une expression surhumaine illumina ce visage foudroyé; les regards du mourant se levèrent au ciel comme pour répondre à un appel chéri, ou pour donner un rendez-vous suprême.

Ensuite il s'affaissa lentement, sans tomber, d'abord sur les genoux, ensuite sur les mains; puis, par un dernier effort, il s'étendit doucement auprès de Flwellina; et ses bras s'enlacèrent autour d'elle afin de la protéger jusqu'au delà de la mort.

Son fier visage toujours noble et calme, souriait de ce dernier sourire que Dieu donne aux justes et aux forts.

En le voyant immobile, les Shawnees respirèrent; un grondement de loup sortit de leurs poitrines, et le plus hardi d'entre eux s'approcha du Huron pour le scalper.

A peine avait-il fait deux pas qu'une balle siffla et le coucha par terre: c'était Niniotan qui venait de faire feu.

La meute sanguinaire se rua sur lui avec rage:

mais l'enfant bondit sur le corps de son père, ramassa son couteau tout fumant, et se redressa en poussant de sa voix grêle le cri de guerre, le redoutable cri de guerre paternel.

Il y eut un moment d'hésitation parmi les Shawnees: à cet instant, la moitié d'entre eux tomba se tordant dans les convulsions de l'agonie; un redoutable feu de peloton venait d'éclater dans le bois, et une voix forte s'écriait:

— Par ici! enfants! je vois ces masques-rouges à travers les arbres. En avant! feu! pas de quartier! — Dieu me bénisse! ils ont serré la détente avant d'avoir reçu l'ordre!

Suivant de près leurs balles, les Riflemen bondirent hors du fourré, le couteau à la main: deux ou trois d'entre eux, le capitaine en tête, avaient des pistolets avec lesquels ils abattirent encore quelques Shawnees.

Les sauvages survivants prirent la fuite avec une rapidité telle qu'il fut impossible d'en faire aucun prisonnier: mais ils laissaient sur le champ de bataille les quatre cinquièmes de leur troupe; ils avaient combattu quarante contre deux, et encore ils avaient été vaincus! ce fut une journée néfaste dont on se souvint longtemps au village des Shawnees.

Le capitaine Prescott, Canfield et leurs hommes entourèrent aussitôt Oonomoo et Flwellina. Parmi eux se trouvait le Révérend Eckman, missionnaire Morave qui s'était joint à eux dans leur trajet: c'était lui qui avait donné à Flwellina sa première éducation chrétienne, lui qui avait béni son mariage avec le Huron: il portait à ce digne couple une affection toute paternelle.

Les yeux pleins de grosses larmes, le vieillard s'agenouilla auprès des deux victimes et fit ses efforts pour relever leurs têtes, leur donner quelque soulagement s'il était temps encore.

Oonomoo, étendu sur le flanc, respirait avec peine; sur son visage erraient déjà les teintes livides de l'agonie: Flwellina haletait, la bouche entr'ouverte, comme si l'air lui eût manqué. Tous deux étaient baignés du sang qui avait coulé de leurs blessures.

Canfield, couvert de la sueur froide du désespoir, avait pris Oonomoo dans ses bras, et cherchait à le soulager par des ablutions d'eau pure et fraîche.

Le missionnaire avait relevé Fiwellina et, aidé du capitaine Prescott, lui prodiguait les mêmes soins. La jeune femme ouvrit les yeux :

— Père ! murmura-t-elle en reconnaissant l'homme de Dieu, je suis heureuse de vous voir. Oonomoo et moi nous allons mourir, vous nous montrerez le chemin des Terres Brillantes.

— Elle vous est ouverte, la voie du ciel, mon enfant, vos pieds la suivent depuis longtemps. Puis-je faire quelque chose pour vous consoler ?

— Non, mon corps souffre, mais mon esprit est dans un feu de joie ; soignez Oonomoo, dit la jeune femme en tournant ses regards vers son mari.

Les bras du Huron étaient déjà raidis autour du corps de Fiwellina ; il fallut les soulever tous deux pour leur donner quelques soins. Les Riflemen silencieux, la douleur peinte sur le visage, s'empressaient d'apporter leur aide, d'amonceler des feuilles sèches, des bruyères, sous la tête de leurs amis mourants.

Oonomoo avait repris ses sens ; le missionnaire écarta doucement ses longs cheveux agglutinés par le sang qui lui voilaient la face.

— Oonomoo, mon cher fils, lui demanda-t-il, que désirez-vous ?

— Où est Niniotan ? murmura le Huron.

— Ici, père ! dit l'enfant d'une voix étouffée, en s'approchant.

— Reste là, et regarde mourir un guerrier chrétien, lui dit Oonomoo dans sa langue natale.

— Où est la main de Fiwellina ? ajouta-t-il.

Sa bien aimée et fidèle compagne l'entendit et aussitôt plaça sa main dans la sienne : le mourant la porta à ses lèvres.

Bientôt le corps du Huron se refroidit : les derniers efforts que tous deux avaient faits pour réunir leurs mains avaient rouvert leurs blessures ; un filet de sang vermeil ruissela sur le bras de Fiwellina et alla se mêler à celui d'Oonomoo qui coulait jusques dans la rivière.

Le moment suprême approchait : au travers de leur sourire céleste les traits nobles et calmes des agonisants exprimaient une vive souffrance.

Les mains, jusques là unies, d'Oonomoo et de Fiwellina, se séparèrent ; soutenus comme par une force surnaturelle tous deux se redressèrent assis, ouvrant les yeux d'une manière étrange et regardant le ciel.

Puis les deux corps retombèrent... Tout était fini.

Par les soins du capitaine Prescott, les corps d'Oonomoo et de Fiwellina furent déposés dans une sépulture honorable.

Après son mariage avec miss Mary Prescott, Canfield devint officier supérieur dans l'armée fédérale, et plus tard acquit une grande fortune.

Devenu possesseur de vastes territoire sur les rives de l'Ohio, il consacra à la mémoire de ses amis indiens le lieu même où la mort les avait surpris, et leur fit élever un monument superbe en marbre blanc.

Il y a quelques années, le voyageur pouvait encore lire sur une face de l'édifice tumulaire ces mots gravés en lettres primitivement dorées :

OONOMOO

L'AMI DES BLANCS.

FIN

Tiré sur les clichés de l'éditeur. — Imprimerie D. BARDIN et Cⁱᵉ, à Saint-Germain.

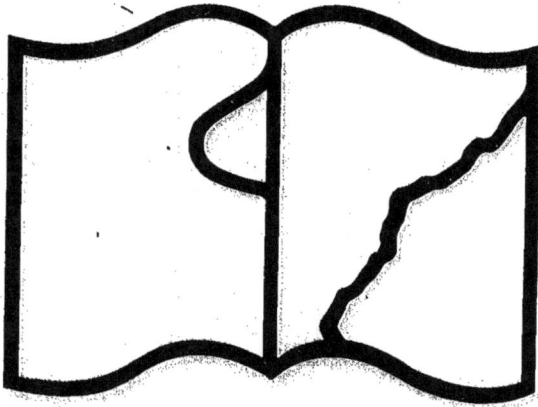

Texte détérioré — reliure défectueuse
NF Z 43-120-11

www.ingramcontent.com/pod-product-compliance
Lightning Source LLC
LaVergne TN
LVHW022019080426
835513LV00009B/794